LES PLUS
BELLES PLANTES
ET
FLEURS EN POTS

Table des matières

les plantes en pots et en vasques

I. Höger-Orthner

Une superbe plante sur tige orne cette terrasse.

Un jardin enchanteur

Depuis toujours, les gens ont essayé de recréer le paradis terrestre. Mais les zones climatiques et l'influence des cieux ont rapidement imposé des limites au génie créateur de l'homme en ce domaine. La solution n'était-elle pas de profiter des plantes tellement attirantes des pays du sud en les cultivant dans des pots? La culture des plantes ornementales en pots peut combler un vide.

Il y a une différence énorme entre les plantes de balcon, les plantes ornementales en pots et les plantes destinées au jardin, bien qu'elle n'ait rien de botanique. Pour des raisons thématiques ainsi que pour des raisons liées à la place disponible, il ne sera question ici que des plantes ornementales en pots classiques et de quelques espèces importantes, qui conviennent parfaitement pour une culture en pot.

Les grands classiques en pots

La grosse majorité des plantes que l'on trouve en pots proviennent des régions tropicales et subtropicales. D'après les zones climatiques dont elles sont originaires, ce sont précisément leurs besoins en matière de sol et de soins qui font la différence. Les plantes se sont adaptées de manière maximale à leur lieu d'origine pour pouvoir en retirer toutes les substances possibles. Les plantes originaires des forêts tropicales, où la lumière est tamisée mais où l'humidité est abondante, ont un autre aspect que celles qui viennent des hauteurs tropicales ou des régions sèches du globe.

Les plantes tropicales avec leur feuillage souple et luxuriant ne survivent que très difficilement en des endroits secs et aérés. Le même phénomène mais dans l'autre sens est vrai pour les plantes originaires des zones sèches. Elles ne poussent que difficilement dans les endroits sombres et humides.

Pour réussir une bonne culture de ces plantes 'des pays chauds', il faut respecter autant que possible leurs exigences d'origine. Les plantes tropicales se développent le mieux dans une serre chaude où les conditions correspondent à celles dans lesquelles elles vivaient au départ. Les plantes en provenance des zones montagneuses tropicales et des régions chaudes et sèches, par exemple de la Méditerranée, ainsi que les plantes des régions désertiques sont particulièrement adaptées à la culture en pots.

Les plantes de jardin

Certaines plantes 'tout à fait ordinaires' font de parfaites plantes en pots ou en vasques. Choisissez de préférence des arbrisseaux de petite taille ou des espèces naines, ou des plantes exigeantes quant à la qualité du sol, qui donnent, à condition de bien les soigner, de bonnes plantes en pots.

Plantes ornementales du Sud

Le rêve de tout jardinier est de voir pousser des plantes exotiques sous nos latitudes. Grâce aux améliorations techniques, ce rêve peut devenir réalité de nos jours, sans pour cela impliquer de grands efforts. Les jardins d'hiver, les maisons solaires et les serres en tous genres proposent à ces enfants du soleil des quartiers d'hiver qui leur conviennent. De plus, des plantes d'origines fort différentes sont souvent cultivées dans un espace très réduit. Il ne faut donc pas s'étonner que de nombreuses plantes tropicales à l'origine fort exubérantes ne supportent pas ce traitement. Car il ne suffit pas d'avoir 'l'air tropical' pour venir nécessairement de la même zone climatique. Les plantes en pots viennent de tous les coins du globe et même pour une seule et même région il peut exister des différences fort importantes. Qu'elles poussent dans le vent ou bien à l'abri dans les montagnes, près d'un fleuve ou d'un étang ou sous l'influence de courants maritimes, tout cela a une grande importance. Le monde végétal s'est adapté à son environnement pour en retirer le maximum. Ainsi nous constatons que les plantes qui viennent des régions sèches portent de petites feuilles assez dures, grises ou argentées, pour réduire l'évaporation.

A l'opposé, les plantes des régions humides subtropicales portent des feuilles souples et tendres dans des tons de vert satinés. Elles 'régulent' leur température corporelle par l'évaporation, ce qui leur permet de survivre dans des climats très chauds.

Il faut encore ajouter de nombreux autres critères qui sont vitaux pour l'existence des plantes: grandes différences de température entre nuit et jour et entre les différentes saisons pour ne citer que ces deux exemples.

Mais cela nous mènerait trop loin que de citer toutes les particularités des différentes zones climatiques.

Si l'on désire cultiver avec succès les plantes en pot, il faut connaître et respecter leurs besoins. Car ce n'est qu'ainsi qu'elles nous apporteront de la satisfaction pendant de longues années.

Les plantes en pots décrites dans ce livre proviennent des régions humides et des régions tropicales, parfois de haute altitude, et des régions sèches.

Un arbuste de la famille des citrus est idéal pour une terrasse de style méditerranéen.

Plantes de la Méditerranée

Sous ce concept sont rassemblées toutes les plantes qui sont originaires de cette zone géographique ainsi que toutes celles qui s'y sont acclimatées. Ce sont des plantes qui supportent les chaleurs suffocantes de l'été et qui sont habituées aux longues périodes de sécheresse. Le soleil est là qui brille et qui fait grimper le thermomètre vers les 40° C. La région méditerranéenne est une zone où les grosses pluies tombent pendant les mois d'hiver. Les mois d'été, eux, sont complètement secs. Pour les plantes, cela signifie que, pendant la saison chaude, elles doivent être très économes en eau. Le feuillage des arbres à feuilles persistantes est de ce fait en général très réduit, dur ou velu; ainsi la perte d'eau par le feuillage est limitée, ce qui rend la survie possible pendant les mois d'été.

Une des caractéristiques est le parfum épicé généralement dégagé par le feuillage. Comme plante ornementale en pot, elles obéissent aux mêmes règles d'alimentation et d'arrosage et un hivernage à l'abri du gel est nécessaire, en général dans une serre froide.

Placez les plantes méditerranéennes à l'endroit le plus ensoleillé possible. Assurez un drainage efficace pour éviter la stagnation d'eau. Arrosez de préférence avec de l'eau calcaire. Endurcissez les fleurs en ne les mettant pas trop tôt dans leurs quartiers d'hiver. Faites hiverner dans un endroit très clair et frais.

Feuilles et baies de l'aucuba.

Les aucubas se reconnaissent à leurs feuilles persistantes, épaisses et tachetées de jaune, avec de grosses baies rouges qui apparaissent sur les plantes femelles.

Les aucubas sont dioïques, c'est-à-dire qu'il faut deux plants pour pouvoir admirer les superbes baies. Mais il n'y a pas de règle sans exception. L'*Aucuba japonica* 'Crotonifolia' et l'*Aucuba japonica* 'Rozannie' sont hermaphrodites.

Floraison: printemps.
Situation: ensoleillée à ombragée.
Substrat: bonne terre.
Arrosage/engrais: pendant la croissance, arroser abondamment et apporter de l'engrais une fois par semaine.
Hivernage: à l'abri du gel, très frais et clair. Supporte quelques degrés sous zéro.
Maladies: attention aux pucerons; si l'hivernage se fait à un endroit humide, on peut voir apparaître des taches noires sur les feuilles.
Particularités: la taille ralentit la croissance. Les baies sont toxiques!
Espèces/variétés: différentes sortes. Avec des feuilles tachetées de doré ou un feuillage panaché.

Aucuba japonica - aucuba

L' aucuba est une plante robuste et en même temps très décorative. Il est originaire du Japon, mais on n'imagine plus un jardin de la zone méditerranéenne sans lui.

Chrysanthenum - frutescens - marguerite sur pied

Une terrasse de style méditerranéen est impensable sans les marguerites blanches et

jaunes. Elles sont originaires des îles Canaries où elles forment des buissons sur les coteaux et dans les zones côtières, et fleurissent presque toute l'année.

Floraison: mai à septembre.
Situation: soleil.
Substrat: argileux, calcaire, perméable.
Arrosage/engrais: pendant la

croissance, arrosage abondant et engrais.

Soins: retirer les feuilles séchées et les fleurs fanées.

Hivernage: à l'abri du gel ou dans un emplacement très frais et clair, ou si l'hivernage se fait dans un endroit sombre, tenir sec et rabattre d'environ 1/3.

Maladies: pucerons, champignons des racines.

Connues de tous: les marguerites sur pied.
Le ciste préfère les endroits fortement ensoleillés; il dégage alors un parfum puissant de ses feuilles.

Espèces/variétés: à fleurs blanches avec un feuillage gris-vert ou à fleurs jaunes et des feuilles beaucoup moins fines.

Cistus - ciste

A cause de la substance odorante, résineuse et collante qui s'écoule de leurs feuilles (substance appelée *ladanum*), qui était considérée comme moyen thérapeutique, les cistes jouaient autrefois un rôle important en parfumerie.

Floraison: mai à juillet

Situation: plein soleil.

Substrat: humus, perméable.

Arrosage/engrais: pendant la croissance, arrosage et engrais abondants.

Soins: tailler après la floraison.

Hivernage: supporte quelques degrés sous zéro, préfère un hivernage frais, clair et plutôt sec.

Maladies: pucerons, moisissure si le lieu d'hivernage est trop humide.

Particularités: les pétales des fleurs sont très fins; floraison abondante mais chaque fleur ne tient que quelques heures. De nouvelles fleurs apparaissent sans cesse.

Espèces/variétés:
C. Laurefolius: blanc avec un centre jaune, supporte bien l'hivernage.
C. ladanifer: blanc avec des taches brun-rouge.
C. purpureus: avec des fleurs couleur carmin.

Citrus - citrus

Les orangers et les citronniers sont des plantes méditerranéennes classiques. Mais leurs origines botaniques se trouvent probablement dans les régions plus chaudes de l'Asie de l'Ouest. De là, ils sont passés à la Grèce via la Perse et plus tard à l'ensemble de la région méditerranéenne, où ils se sont vite étendus. Les citronniers étaient d'abord considérés comme plantes sacrées ou comme plantes à destination médicale. Rapidement, ils ont été appréciés pour leur goût et on les a cultivés. C'est surtout en Italie que les citrus ont suscité beaucoup d'intérêt et dans les villas romaines les citronniers et les orangers plantés dans de grandes vasques servaient de décoration. On a remarqué rapidement que les citrus étaient sensibles au gel et qu'ils ne pouvaient survivre dans les régions montagneuses des pays nordiques que s'ils recevaient une protection adéquate. Même dans l'Italie du Nord, ils sont placés contre des murs orientés plein sud et ils sont protégés du froid en hiver par des constructions en bois; on peut encore voir ces maisons à citronniers - limonières - dans la région située au nord du lac de Garde. Chaque jardin botanique digne de ce nom présente un vaste assortiment de citrus et, dès 1800, d'énormes quantités de citronniers et de bigaradiers ont été amenés vers nos régions. A la fin du siècle passé, les orangers et les citronniers étaient très recherchés comme arbres décoratifs.

Les citronniers sont des arbustes à feuilles persistantes très longues d'un vert frais, coriaces et luisantes et aux petites fleurs blanches au parfum très intense. Les tiges de nombreuses espèces portent des épines. Parmi les nombreuses espèces existantes, seules les principales sont décrites ici, ainsi que celles qui conviennent pour la culture en pots.

Il existe de nombreuses variétés de citrus. Ici un oranger et un kumquat.

Citrus aurantium ssp. aurantium - oranger, bigarade (pomme-orange)

Cette sorte de citrus produit des arbres très hauts avec des branches portant des épines et des grandes feuilles, ainsi que des fleurs blanches au parfum pénétrant. La caractéristique de cette espèce est la feuille très lancéolée. Les fruits amers sont employés pour confectionner la célèbre confiture d'oranges amères, chère aux Anglais. A partir des fleurs on produit l'huile de néroli.
C. aurantium est employé comme base de raffinage.
C'est surtout la forme naine _C. aurantium var. myrtifolia_ , (Chinotto) qui est intéressante pour la culture en pot. C'est une espèce à croissance lente avec un feuillage épais et une grosse quantité de fleurs.
Une autre espèce est le _Citrus auriantum ssp. bergamia_, l'orange bergamote avec un feuillage parfumé, des fleurs odorantes et des fruits non comestibles.

Citrus limon - citronnier

Les citronniers donnent des arbustes d'une hauteur moyenne aux grandes feuilles vert clair. Les bourgeons rouges se transforment en fleurs blanches délicatement parfumées.
C. limon est la seule espèce qui fleurit et donne des fruits en même temps.
Les citronniers sont très sensibles au gel, car leur période de

repos commence beaucoup plus tard que pour les autres espèces. _C. limon_ se cultive très facilement en pot et devient un arbuste de belle apparence.
Il existe bien entendu différentes espèces de _C. limon_. La plus résistante est la _C. limon_ 'Meyerii' avec une fine écorce, 'Ponderosa' avec une écorce rugueuse et qui devient jaune-orange.
Un croisement obtenu à partir de _Citrus limon_ et _Citrus reticukata_ (la mandarine) est le

Fleurs et fruits du citronnier.

mandarin, une plante qui résiste bien à l'hiver.

Citrus maxima- pomélo

Variété à croissance haute dont les arbres sont arrondis et hauts; les fruits de couleur jaune-orangé sont appelés pomélos.

Citrus medica-cedro citronnat

C'est une des plus anciennes variétés cultivées en Europe, encore employée au sud de l'Italie. Les arbres sont grands. Les arbustes portent des fleurs blanches parfumées. Les fruits ont une écorce épaisse et rugueuse. Ils sont employés pour la fabrication des vrais citronnats.

Citrus x paradisi - pamplemousse

C'est un croisement entre *C. sinensis* (Orange) et *C. maxima* (Pomélo). Ses fruits sont les pamplemousses. Il a besoin de beaucoup de lumière et de soleil. La variété la plus robuste est la 'Duncan', et chez la variété 'Ruby', la chair des fruits est rose.

Citrus reticulata - mandarine

Les mandarines sont originaires de l'est de l'Asie. Le groupe des satsumas forme l'espèce la plus robuste. 'Owari' satsuma est une espèce qui donne des fruits en abondance.

Citrus sinensis - orange

C. sinensis est originaire des régions chaudes de l'Asie du sud-ouest et est probablement arrivé en Europe avec les grands voyages de découverte. C'est cette variété de citrus, qui est la plus souvent plantée, l'orange étant aussi d'ailleurs le fruit le plus répandu.
Les variétés les plus connues sont les 'moro' et les 'sanguinella", toutes les deux des oranges sanguines, la hâtive 'Washington", la 'Tarocco' qui est moins hâtive et les oranges Valencia et Navel, des espèces tardives. Il est possible d'acheter chez un bon pépiniériste l'une ou l'autre de ces variétés comme plante ornementale en pot. Mais la plupart des plantes sont des espèces naines ou des croisements entre différentes espèces de *Citrus*.
Par différents croisements et aussi par sélection, les variétés obtenues dernièrement sont aussi d'excellentes plantes en pots qui se distinguent par leur bonne résistance au froid et par des fruits savoureux.
"Curafora' est un hybride avec des fruits de la taille d'une

Un oranger en fruits, très dense.

pêche. 'Venasca' produit des plantes plus grandes avec des fruits, qui sont presque aussi gros que des pamplemousses. Des variétés apparentées aux *Citrus* viennent de Chine et du Japon, notamment la *Fortunella japonica* et *F. margerita* – kumquats ovales. Les kumquats se distinguent des autres variétés de *Citrus* par leur relativement bonne résistance au gel, car selon les endroits, les températures descendent jusqu'à - 10°C. Ils ont besoin d'une température de 20° C pour fleurir. La variété la plus savoureuse est certainement 'Meiwa' avec des fruits ronds, relativement gros. Une autre espèce de qualité est 'Nagami' avec des fruits ovales. Les autres fruits sont obtenus par croisements comme Tryer Citoncirus (*Citrus x Poncirus)*, Citrangequat (*Citroncirus x Fortunella sp*), Limequat Eustis (*Aurantifolia x Fortunella japonica)* ainsi que les célèbres Calamondinoranges (*Fortunella x C. reticulata var. austera*). Les dernières sont des hybrides à croissance limitée, qui fleurissent et fructifient déjà comme jeunes plants mais dont les fruits sont très surs et immangeables. Les calamondinoranges sont souvent confondus avec les kumquats et présentés comme tels. La variété sauvage en provenance d'Australie *Micricitrus australasica* originaire d'Australie est intéressante parce qu'elle se laisse cultiver comme bonsaï.

Feuille lancéolée de l'oranger.

Il existe deux différents types de porte-greffes: *C. aurantium* et *Poncirus trifoliata*, une espèce apparentée aux citronniers et relativement résistante au gel. Toutes les sortes de citronniers, qui ont été greffées avec *Poncirus* résistent à des températures plus froides de 2 ou 4 ° que les autres. Les deux greffons ne présentent aucune différence de croissance. *C. aurantium trifoliata* a une forte croissance, *Poncirus* a une croissance moyenne et le *Poncirus flying Dragon* a la croissance la plus faible. Faites attention d'acheter une plante qui a été greffée sur un greffon plus faible.

Floraison: printemps.

Situation: ensoleillée, claire, à l'abri du vent.

Substrat: argileux, riche, très perméable, à tendance acide.

Arrosage/engrais: employer de l'eau pauvre en calcaire, arroser modérément pendant la période de croissance, ne pas laisser se dessécher les racines; éviter la stagnation d'eau, bien drainer. Jusqu'à fin juillet, arroser avec de l'engrais azoté.

Soins: les plantes de la variété des citrus supportent bien la taille et peuvent être cultivées dans des formes différentes.

Hivernage: la résistance au gel des citrus est très variable (voir greffe). Les citronniers et les pamplemousses ne supportent qu'un gel léger. Les orangers et les mandariniers supportent quelques degrés sous zéro et les kumquats transplantés au jardin résistent jusqu'à - 10°C. Les citrus doivent hiverner dans un endroit clair, très aéré et presque sec. Un arrosage trop abondant en hiver leur est fatal. On ne peut les sortir qu'après les saints de glace.

Maladies: pucerons, cochenilles, à cause de l'emploi d'une eau trop calcaire ou d'un sol trop humide.

Particularités: le nœud de la racine ne doit pas se trouver sous terre.

Lavandula - lavande

La lavande est partout présente dans la région méditerranéenne, surtout en Provence. Celui qui visite la Provence au mois de juin verra et 'sentira' les immenses champs de lavande. La lavande est une plante médicinale connue depuis longtemps notamment pour ses propriétés aseptiques et désinfectantes. Elle a aussi un effet stimulant. Actuellement, elle est surtout utilisée dans l'industrie cosmétique. L'huile essentielle de lavande sert de base pour les eaux de toilette et les savons.

La lavande est un arbuste à demi-tige avec des feuilles gris-vert étroites et en forme d'épi.

Floraison: juin-juillet.

Situation: plein soleil.

Substrat: humus, perméable, calcaire.

Arrosage/engrais: arrosage modéré, pas d'engrais.

Soins: recouper après la floraison. Mais attention: la plante ne supporte pas d'être rabattue, surtout au niveau du vieux bois.

Hivernage: les variétés appartenant à *L. angustifolia* résistent bien à l'hiver; la variété pure a besoin d'une protection hivernale. Toutes les autres sortes de lavande ont aussi besoin d'une serre froide claire et doivent passer l'hiver à l'abri du gel.

Maladies: rares.

Particularités: pour en faire des bouquets séchés, il faut cueillir les fleurs lorsqu'elles sont à moitié ouvertes.

Espèces/variétés: *L. angustifolia* aussi appelée *L. officinalis,* bleu ciel, pouvant atteindre 1 m de haut; la 'Hidcote Blue' dans les tons bleu-violet, 40 cm de haut; la 'Hidcote Giant', violet foncé atteignant jusqu'à 80 cm; la 'Dwarf Blue', bleu foncé, 40 cm; 'Munstead ', bleu lavande; 'Grappenhall', bleu moyen, 80 cm; 'Rosea' rose pâle, 40 cm; 'Nana Alba', blanche, 30 cm.

L. stoechas, pourpre foncé, jusqu'à 1 m; la variété *L. stoechas* subsp. *pedunculata* est plutôt rouge-pourpre.

L. dentala, la lavande dentelée, bleu-violet.

Lavande en fleur.

Myrtus communis - myrte

Le myrte était déjà connu dans l'antiquité. Les Grecs le dédiaient à la déesse Aphrodite, mais il servait aussi à couronner les vainqueurs des jeux olympiques.

Dans les pays du Moyen-Orient, on utilise le myrte moulu comme poudre pour les bébés. A cause de son action antibiotique, aujourd'hui encore, il est bu – souvent sous forme d'infusion – en cas de toux.

Les Romains dégustaient les baies de myrte comme des bonbons et aujourd'hui encore en Italie, on trouve des recettes avec des baies de myrte fraîches ou séchées.

Myrtus communis est une plante de Macchia, une zone côtière typique de la région méditerranéenne, où seules des plantes avec très peu de besoins arrivent à vivre. A l'état sauvage, les arbustes peuvent atteindre jusqu' à 150 cm de haut avec de petites feuilles aromatiques, persistantes et de fines fleurs blanches très tendres, avec des étamines jaunes fort développées, suivies de baies noires.

Les feuilles du myrte peuvent avoir des formes très différentes.

Le myrte se cultive facilement et il se développe au mieux si on lui donne assez de place pour croître en toute liberté.

Floraison: juin-août.

Situation: ensoleillée à mi-

Fleurs du myrte commun.

ombragée, de préférence à l'abri du vent.

Substrat: humus, perméable, légèrement acide.

Arrosage/engrais: arroser modérément pendant la croissance, ne pas laisser sécher les racines; de août à mai, apporter de l'engrais modérément mais régulièrement.

Soins: couper les pointes si on veut en former des arbrisseaux en boules.

Hivernage: frais et clair (5-10°C), n'arroser que légèrement.

Maladies: cochenilles, pucerons.

Particularités: supporte bien les tailles, peut atteindre un âge avancé.

Espèces/variétés: le Myrte de Hambourg, ou Myrte royal, le Myrte juif ou celui à grandes feuilles *M.* var. *romana*.

13

Nerium - oléandre - laurier-rose

L'oléandre est connu depuis plus de 2000 ans. Il fut pour la première fois cultivé dans nos régions au XVIe siècle. Au siècle passé, on en connaissait déjà 36 variétés.

Le laurier-rose est une plante polymorphe et son habitat s'étend de l'est de la région méditerranéenne jusqu'à l'océan Atlantique.

La forme la plus courante est l'arbuste à nombreuses ramifications qui peut atteindre 6 m

Le laurier-rose en pleine floraison: toujours beau!

et plus dans son pays d'origine. Les plantes forment une couronne très large avec des feuilles étroites, gris-vert, coriaces. Les fleurs sont disposées en ombelles, leur taille varie entre 3 et 7 cm. Il existe environ 50 espèces différentes, de la fleur simple à la fleur double, de blanc à rose foncé en passant par rose pâle; quelques espèces sont saumon ou jaunes.

Le laurier-rose aime la chaleur, et alors que ses fleurs apprécient le soleil, ses pieds aiment se trouver dans l'eau.

Dans la nature, on le retrouve très souvent près des rives des rivières, où ses racines s'enfoncent dans les couches calcaires du lit du cours d'eau.

Mais attention: en pot, il ne peut se trouver dans une terre humide qu'en été et jamais dans le lieu où il hiverne!

Floraison: juin-septembre.

Situation: plein soleil, à l'abri de la pluie.

Substrat: argileux, humus, calcaire.

Arrosage/engrais: pendant la croissance, arroser abondamment, en évitant l'emploi de l'eau de pluie; apport d'engrais hebdomadaire.

Soins: ne pas retirer les fleurs fanées, c'est à partir d'elles que se forment l'année suivante de nouvelles fleurs.

Hivernage: clair, frais, à l'abri du gel, arrosage réduit.

Maladies: pucerons, maladie du laurier-rose.

Particularités: toutes les parties sont très toxiques pour

les humains!

Espèces/variétés: il y a une cinquantaine de variétés disponibles dans le commerce, dans beaucoup de couleurs, à fleurs simples ou doubles. Il existe une forme naine qui est apparue comme mutation après Hiroshima.

Punica - grenadier

Les grenadiers sont des arbres typiques de la région méditerranéenne.
Ils ont été cultivés depuis l'antiquité. Les Romains ont emmené le grenadier bien au Nord des Alpes où il a été cultivé avec les figuiers et les bigaradiers.
Les grenadiers sont des arbres assez élevés, avec des branches épineuses et des feuilles brillantes. Les fleurs sont rouges pour une variété, blanches, jaunes ou rouges pour d'autres.
Les fruits ont la forme d'une boule, avec une peau épaisse et coriace couronnée par un calice coloré.
Floraison: été.
Situation: ensoleillée.
Substrat: argileux, humus, calcaire.
Arrosage/engrais: arroser abondamment pendant la croissance; jusqu'au maximum début août et mi-juillet, apporter de l'engrais à plusieurs reprises.
Hivernage: à l'abri du gel, très frais, aéré, clair ou sombre.
Maladies: cochenilles.
Particularités: pour amener les plantes à fructifier, toutes les pousses faibles doivent être éliminées à l'automne et les pousses fortes doivent être raccourcies. Les fleurs apparaissent sur les jeunes pousses. L'important est d'avoir des branches d'une certaine qualité.
Espèces/variétés: *Punica granata* 'Nana' est une forme naine de cet arbre, les fleurs apparaissent sur des bois qui ont deux ans. *P. granata multiflora raemosa* 'kobold' a des fleurs rouges. *P. granata multiflora* a des fleurs simples rouges. Les deux variétés portent des fruits et des fleurs même sur les branches les plus jeunes; hauteur jusqu'à 60 cm.

Punica granata **'Nana', le grenadier nain, est du plus bel effet dans cette vasque en terre cuite.**

Rosmarinus - romarin

Le romarin est certainement la plus ancienne fleur de la Méditerranée qui ait réussi à passer les Alpes.

Les gens ont découvert très rapidement ses grandes qualités médicinales et il servait à 'désinfecter' les chambres d'hôpital ou de malades, notamment en en brûlant quelques branches. On lui attribue des qualités stimulantes pour le cœur et la circulation sanguine; il est considéré comme un excellent décontractant et un 'élixir de jouvence' pour la peau. Un parfum très rafraîchissant a été fabriqué à partir de fleurs fraîches: l' 'Aqua reginae Hungariae', et l'huile de romarin est employée avec d'autres composantes dans la fabrication de nombreux parfums. A côté de ses qualités médicales, le romarin est un ingrédient essentiel en cuisine. C'est une des plantes aromatiques principales, présente dans tous les plats méditerranéens. Il ressemble énormément au ciste, une plante qui pousse dans les forêts qui longent les côtes où elle peut atteindre 2 m de haut; les feuilles sont persistantes, gris-vert et ont la forme

d'aiguilles. Utilisé comme plante ornementale en pot, il n'atteindra cependant pas cette taille.

Floraison: printemps, selon la situation d'avril à juin.
Situation: plein soleil, chaud.
Substrat: argile, humus mélangé à un peu de sable, perméable.
Arrosage/engrais: arrosage limité et peu d'engrais.
Soins: rabattre éventuellement après la floraison.
Hivernage: frais, clair, aéré, en pot, ne supporte pas le gel, en serre froide.
Maladies: rares.

Romarin - la plante aromatique, ici en buisson.

particulier.
Floraison: à la fin de l'hiver jusqu'au printemps.
Situation: ensoleillée à mi-ombragée.
Substrat: argile-humus avec un peu de tourbe, perméable.
Arrosage/engrais: arrosage modéré jusqu'à la fin juillet et apport d'engrais régulier.
Soins: pour garder une forme buissonnante à l'arbuste, il faut couper les pointes plusieurs fois; les plantes devenues trop grandes peuvent être fortement rabattues.
Hivernage: très frais, clair; peut rester longtemps à l'air

libre. Bien aérer l'endroit d'hivernage.
Maladies: rares.
Particularités: baies d'un bleu métallique. Les plantes peuvent devenir très vieilles.
Espèces/variétés: *V. tinus lucidum* 'Eve Price', feuillage vert-jaune; 'Gwenllian', bourgeons rose foncé.

Particularités: ne supporte pas d'avoir les 'pieds mouillés'.
Espèces/variétés: *R. officinalis* 'Sissinghurst', bleu foncé; 'Tuscan Blue', bleu moyen avec des feuilles larges; 'Severn Seas', fortement parfumé, bleu ciel.

Viburnum tinus - laurier boule-de-neige

Plante qu'on trouve dans la région méditerranéenne. A cause de sa ressemblance avec le vrai laurier, il a reçu le nom de *Laurustinus*. Du point de vue botanique, il appartient à la grande famille des '*Viburnum*' et il fut importé dans nos régions aux environs de 1560. Il est apprécié pour ses fleurs blanches très raffinées apparaissant assez tard en hiver et son feuillage vert foncé très

Fleurs parfumées du laurier boule-de-neige.

Un arbuste taillé en rond est toujours décoratif.

quelle forme. C'est une plante qui demande relativement peu d'entretien, à croissance très lente, et qui peut vivre très longtemps. Son feuillage, minuscule, vert foncé et brillant, dégage un arôme puissant et très typique.

Floraison: printemps.
Situation: ensoleillée, de préférence à la mi-ombre.
Substrat: toute terre de jardin ordinaire.
Arrosage/engrais: arroser aux chaudes journées d'été et vaporiser les feuilles (pas lorsque le soleil donne directement dessus pour éviter les brulûres).
Soins: taille régulière et pas trop forte pour garder les plantes en forme.
Hivernage: lorsque le thermomètre descend en dessous de 10° C, le placer dans un endroit où il est à l'abri du gel, arroser peu, mais éviter le dessèchement.
Maladies: cochenilles, cécidies du buis.
Espèces/variétés:
B. sempervirens, 'Suffructicosa': forme naine, croissance très lente; 'Faulkner': arbuste de petite taille, très résistant au froid; 'Latifolia maculata': variété à feuillage doré avec des tons de bronze en automne; 'Variegata': variété panachée avec des feuilles étroites, bordées de blanc.

Plantes à feuilles vertes persistantes

Buxus - buis

Un élément important lors de la composition de la terrasse avec des plantes ornementales en pots est de déterminer le nombre de plantes à feuillage très dense, celles qui supportent bien d'être taillées et celles dont la forme des feuilles est intéressante. Les fleurs de ces arbres 'toujours verts' sont, à part quelques exceptions, toujours relativement petites et insignifiantes et ne jouent finalement qu'un rôle secondaire.

Une des plantes les plus importantes, c'est bien sûr le buis.

A côté du laurier et de l'if, le buis est certainement une des plantes les plus utilisées en pot; le buis donne toujours beaucoup de satisfaction et peut être taillé en n'importe

Laurus nobilis - laurier

Il représente la plante méditerranéenne classique. Il

s'est acclimaté en Italie mais son histoire est intimement liée à la Grèce antique. Les Grecs l'avaient dédié à Apollon et garnissaient leurs temples de feuilles de laurier. Les Romains couronnaient les vainqueurs de couronnes de laurier. Dans un grand nombre de cultures, un bijou en branches de laurier était considéré comme un cadeau de grande valeur. Ce n'est que plus tard qu'il a été cultivé dans un but décoratif. Le laurier, s'il est placé dans de bonnes conditions, pousse assez rapidement et peut atteindre 10 m. Son feuillage est vert foncé, les feuilles ourlées aux pointes.
Les petites fleurs jaunes apparaissent en ombelles, suivies par des baies noires, les baies de laurier.

Floraison: printemps.
Situation: ensoleillée.
Substrat: argile, humus avec un peu de sable, perméable.
Arrosage/engrais: ne pas laisser dessécher les racines, jusqu'au mois d'août apport d'engrais hebdomadaire.
Hivernage: frais, clair, aéré, ne supporte presque pas le gel.
Maladies: cochenilles.
Particularités: lorsque la plante est rabattue, faire attention à ce que la zone de coupe se situe entre les feuilles, car les feuilles entaillées ne sont pas belles.

Pour obtenir un laurier de cette densité et de cette hauteur, il faut attendre quelques années.

19

Mahonia - mahonia

Le mahonia peut parfois avoir une croissance rapide. Les longues feuilles brillantes et épineuses sont extrêmement décoratives, mais ses fleurs en aigrettes de couleur jaune sont encore plus belles. Selon les variétés, les fleurs apparaissent en hiver ou à la fin de l'hiver et ont un parfum plus ou moins prononcé. Les fruits bleu-noir ajoutent une note supplémentaire. Le mahonia est originaire de l'Asie de l'Est, mais il s'est bien adapté au climat de la Méditerranée à condition de pouvoir disposer d'un endroit mi-ombragé à ombragé.

Fleurs jaunes et baies bleues du mahonia (berbéris).

Floraison: d'après les espèces, de novembre à mai.
Situation: mi-ombragée à ombragée.
Substrat: riche en humus, humide et perméable.
Arrosage/engrais: arroser modérément et apporter de l'engrais.
Soins: très peu.
Hivernage: résiste à des températures de -15°C s'il est protégé, mais de préférence à l'abri du gel dans un endroit sombre.
Maladies: rares.
Particularités: feuilles épineuses, baies bleues.
Espèces/variétés:
M. lomarifolia: grandes grappes de fleurs dorées, droites.
M. japonica 'Wintersun', très odorant; *M. media* 'Buckland' jaune primevère; *M. média* 'Charity', jaune prononcé.

Plantes à feuilles grises persistantes

Les plantes à feuillage vert donnent au jardin, à la terrasse ou au balcon une atmosphère rappelant les pays du Sud.
La couleur grise, qui se trouve dans la nature dans beaucoup de tonalités différentes, est une couleur bienvenue lors de l'agencement des terrasses.
Les plantes à feuillage gris renforcent l'impact des plantes originaires de la région

La rue des jardins a, en plus de ses belles fleurs jaunes, un beau feuillage gris-vert.

Fleurs jaunes de santoline.

méditerranéenne et leur donnent un caractère intéressant.

Ruta graveolans - rue des jardins - rue fétide

La rue est une plante médicinale originaire de la région méditerranéenne qui, à cause de ses feuilles pennées très particulières, est très décorative.
Floraison: début de l'été.
Situation: ensoleillée.
Substrat: humus, bien perméable, un peu calcaire.
Arrosage/engrais: arrosage modéré et apport d'engrais.
Soins: rabattre après la floraison.
Hivernage: frais, clair, à l'abri du gel.
Maladies: rares.
Particularités: le contact avec le suc de la plante peut provoquer des éruptions cutanées et des brulûres. Attention !
Espèces/variétés: *R. graveolens,* 40-80 cm; *R. graveolens* 'Variegata', 40-80 cm.

Santolina - santoline

Cette plante est intéressante à cause de son feuillage argenté et très ramifié. Les feuilles parfumées étaient autrefois employées comme protection contre les insectes et les mites.
Floraison: juillet-août.
Situation: ensoleillée.
Substrat: perméable, maigre, calcaire.
Arrosage/engrais: arrosage modéré et apport d'engrais réduit.
Soins: rabattre après la floraison.
Hivernage: frais, à l'abri du gel, sec et clair.
Maladies: rares.
Particularités: la plante se lignifie rapidement.
Espèces/variétés:
S. chamaecyparissus nana - petits buissons avec un feuillage gris-vert; *S. neapolitana* 'Edward Bowles', feuilles argentées, fleurs dorées;
S. serratifolia, feuilles grises et fleurs jaune citron.

Plantes des régions tropicales et subtropicales

Elles ont des exigences tout à fait différentes de celles de la région méditerranéenne. Il faut distinguer ici les plantes qui sont originaires des régions tropicales montagneuses avec des journées très chaudes mais des températures nocturnes très basses, accompagnées de fortes précipitations, et les plantes qui poussent dans des régions humides de la terre, à proximité de grandes étendues d'eau ou sur le versant venteux des montagnes.

Ce sont des plantes qui demandent une atmosphère très humide et préfèrent un sol très acide.

Terrasse débordante d'une végétation tropicale luxuriante.

L'abutilon en fleur, extrêmement décoratif.

Abutilon - abutilon

L'abutilon est un petit arbuste à feuillage persistant ou semi-persistant, originaire des montagnes tropicales.
Il demande relativement peu de soins.
Floraison: toute l'année.
Situation: ensoleillée à mi-ombragée, claire mais pas de soleil direct.
Substrat: humus, riche, plutôt pauvre en calcaire.
Arrosage/engrais: toujours bien garder humide et apport d'engrais une fois par semaine.

Soins: nécessite un nettoyage continuel, doit être rabattu en automne ou à la fin de l'hiver.
Hivernage: à l'abri du gel et pas trop chaud, à environ 10° C, dans un endroit clair. Arroser peu.
Maladies: pucerons, araignées, botrytis, chute de feuilles lors d'écarts de température.
Particularités: demande beaucoup de lumière, ne supporte pas bien la pluie.
Espèces/variétés:
A. megapotamicum, croissance pendante avec des pousses très fines et des fleurs étroites, des fleurs jaunes, un calice rouge, étamines violettes;
A. megapotamicum 'Variegatum' de couleur jaune, feuillage panaché; différentes sortes hybrides de *A. magapotamicum*: 'Milleri', fleurs jaunes pâles, calice orange; 'Boule de Neige', fleurs blanches; 'Clochettes écarlates', fleurs rouges; *A. vitifolum,* fleurs bleu-lavande; *A. vitifolium* 'Album', fleurs blanches.

Aloysia triphylla - verveine citronnée

Au moindre contact, ses feuilles vert clair dégagent un parfum citronné très frais.
Actuellement, cette plante est peu connue, bien qu'aux siècles passés on la trouvait généralement dans les jardins des fermes. Elle est cultivée de manière industrielle en France et ses feuilles odorantes, lorsqu'elles sont séchées,

donnent une délicieuse tisane. L'huile essentielle obtenue à partir des feuilles est employée comme matière première en cosmétique.
Floraison: été.
Situation: ensoleillée.
Substrat: humus, riche, légèrement argileux.
Arrosage/engrais: pendant la croissance, arrosage abondant; l'apport d'engrais n'est nécessaire que si la plante n'a qu'un effet décoratif.
Soins: peut être raccourcie en automne.
Hivernage: à l'abri du gel, très frais et sombre.
Maladies: rares.

Les hampes fleuries de la verveine citronnée.

Cassia - cassier

Il est très recherché à cause de ses feuilles très pennées, et de ses fleurs droites en forme de bougie. Le cassier pousse sous de multiples formes allant de l'arbre comme *Cassia javanica* – avec des fleurs roses – au buisson à branches pendantes et fleurs en grappes.
Floraison: été jusque fin de

Le cassier tropical, un classique des plantes ornementales en pots.

l'automne (en jardin d'hiver, il continue à fleurir).
Situation: ensoleillée.
Substrat: humus, riche, bien humide sans stagnation d'eau.
Arrosage/engrais: pendant la croissance, arroser abondamment et apport d'engrais hebdomadaire jusqu'en août.
Soins: rabattre avant de le rentrer.
Hivernage: varie selon les espèces, mais aucune ne résiste au gel.
C. marylandica est une espèce résistante qui supporte même quelques degrés sous zéro et qui peut aussi hiverner dans un local sombre mais pas trop humide.

C. corymbosa supporte également un gel léger et peut hiverner dans un endroit sombre.
C. didymobotrya est l'espèce la plus sensible et doit être placée dans un endroit clair, avec une température qui ne peut être inférieure à 10°C. L'important pour toutes ces espèces, c'est que les racines ne se dessèchent pas.
Maladies: pucerons, botrytis.
Espèces/variétés:
C. artemidoides pour les sols pauvres et climat sec. Il forme des buissons qui sont recouverts d'une floraison jaune.
C. corymbosa porte de grandes fleurs d'un jaune vif à chaque branche et commence à fleurir en juin.
C. didymobotrya porte des fleurs droites ressemblant à des bougies avec des feuilles pennées, il est parfumé.

Cestrum - cestrum

Originaire d'Amérique subtropicale. Dès qu'il est rentré, aux premières gelées, on coupe les bourgeons des fleurs en formation. La plante produira alors de nouveaux bourgeons, mais seulement à la fin de la période d'hivernation. Après ce traitement, la floraison dure tout l'été jusqu'en automne. Les cestrum ont des branches pendantes. Les plantes peuvent atteindre une hauteur de 1,50 à 3 m.
Floraison: été-automne.

Un cestrum en pleine floraison (ci-dessus).

Fleurs et feuilles d'oranger mexicain (ci-dessus à droite).

Situation: ensoleillée.
Substrat: humus, riche.
Arrosage/engrais: arrosage abondant et régulier avec apport d'engrais.
Soins: comme haute-tige, doit être bien soutenu et abrité du vent.
Hivernage: à l'abri du gel, frais et clair, presque sec, aéré ou sombre mais dans ce cas il faut le rabattre presque au niveau du sol. Dans un jardin d'hiver, la température peut être plus élevée pour stimuler la floraison.
Maladies: pucerons, botrytis, pourriture en période de pluie.

Particularités: le cestrum est toxique!
Espèces/variétés:
C. aurantiacum fleurit en hiver sur les branches nues, fleurs jaunes devenant orange. *C. elegans,* une espèce aux formes très variées, poussant jusqu'à 3 m, toujours verte avec de grandes fleurs pourpres et des baies charnues rouge foncé.
C. newellii est un hybride à branches pendantes et fleurs rouge clair.
C. nocturnum est une variété qui dégage du parfum pendant la nuit et dont les feuilles sont jaune pâle. *C. purpureum* a des fleurs rose-rouge; la variété 'Compactum' donne des fleurs rose foncé.

Choisya - oranger

Comme ils sont apparentés aux citrus et que le parfum des fleurs rappelle un peu l'orange, les *Choisya* ont reçu le nom d'oranger. *Choisya* est une des plantes tropicales les moins exigeantes et forme en pot des buissons denses très décoratifs aux feuilles vert foncé.
Floraison: printemps - début de l'été.
Situation: ensoleillée à mi-ombragée.
Substrat: humus riche, perméable, mais cependant pas trop sec.
Arrosage/engrais: arrosage abondant ainsi qu'un bon apport d'engrais, éviter l'eau calcaire.
Hivernage: très frais et clair, supporte un gel léger.
Maladies: particulièrement sensible aux acariens.

Hivernage: à l'abri du gel, frais, 4-10°C, clair ou bien après avoir rabattu la plante, dans un endroit sombre, sec, frais.

Maladies: pucerons, punaises, acariens.

Particularités: peut être planté en été dans le jardin. Toutes les parties sont toxiques.

Espèces/variétés: *D. sanguinea,* fleurs rouges avec un centre jaune de 20 cm de long, sans parfum; *D. suaveolens,*

Bel exemplaire de *Datura*.

Différentes sortes de pélargoniums parfumés.

Datura - stamoine - trompette du jugement

Il s'agit, avec l'oléandre, d'une des plantes en pots les plus courantes. Le nom de *Datura* provient de la langue indienne et signifie quelque chose comme 'pomme piquante', ce qui rappelle effectivement les fruits produits par l'espèce sauvage.

D. sanguinea fait partie des *Datura* à la croissance la plus faible et est identique à *D. rosea*. Cette sorte fleurit de septembre à avril et ne peut se trouver qu'en serre chaude.

D. suaveolens, l'espèce la plus connue, fait partie du groupe à croissance moyenne.

D. candida, D. aurea sont similaires avec une forte croissance et des feuilles géantes.

Floraison: été, progressive.

Situation: ensoleillée, à l'abri du vent.

Substrat: très riche, argileux, retenant l'humidité.

Arrosage/engrais: arroser tous les jours et apport d'engrais deux fois par semaine.

Soins: éventuellement mettre des tuteurs.

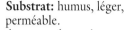
fleurs blanches, disposées de biais vers le bas, distantes de 30 cm, fortement parfumées; 'Rêve doré' , jaune-vert, ensuite rose-saumon, 35 cm de long; *D. candida* 'Plena' , fleurs blanches pendantes; *D. x candida* couleur pêche; 'Grand marnier' , jaune; *D. aurea* de couleur blanche à saumon *D. x flava* 'Mobisu' , orange-saumoné, à croissance lente, à placer à la mi-ombre en plein été.

Pélargoniums parfumés

Les pélargoniums ou géraniums proviennent d'Afrique du Sud. Nous ne présentons ici que les sortes les plus intéressantes parmi les nombreuses variétés dont la plus belle est le pélargonium rose, à partir duquel on obtient une huile essentielle qui est employée en parfumerie à la place de la vraie mais malheureusement pour nous très chère huile essentielle de rose.

Floraison: printemps - fin de l'été.

Situation: ensoleillée à mi-ombragée, selon les différentes espèces.

Substrat: humus, léger, perméable.

Arrosage/engrais: apport d'engrais très léger 2 fois par mois pendant la croissance et arrosage très léger, en évitant absolument toute stagnation d'eau.

Soins: ne jamais couper au printemps, sinon les fleurs n'apparaîtront pas.

Hivernage: à l'abri du gel, frais et clair, en aucun cas dans une cave sombre, n'arroser que très peu. Les jeunes plantes doivent passer l'hiver à une température d'au moins 12°C.

Maladies: éventuellement des pucerons.

Particularités: certaines sortes produisent des pousses fortement ramifiées qui peuvent être raccourcies tout de suite après la floraison.

Espèces/variétés: *P. graveolens,* Pélargonium rose, jusqu'à 1,20 m, le feuillage est fortement découpé et velu, de couleur gris-vert, fleurs rose pâle; *P. tomentosum,* pélargonium menthe, feuilles larges, vert-émeraude, petites fleurs blanches; *P. fragrans,* parfum de pin, feuillage gris-vert, soyeux, petites fleurs blanches; *P. crispum variegatum,* parfum de citronnelle, feuilles bicolores et frisées, fleurs roses; *P. x Merble Grey,* parfum citron plus fort, feuillage vert-clair très structuré, fleurs lilas avec bandes rouges; *P. x Prince of Orange,* sentant l'orange, feuilles fendues, convenant comme hautes-tiges.

petite. La variété pure ne fleurit que quand la plante est grande et a besoin d'un grand pot.

Les grandes fleurs de l'arbre corail comptent parmi les plus belles des plantes tropicales.

Une plante qui aime l'ombre: l'aralie du Japon.

Erythrina crista-galli - arbre corail

Il est originaire de la région subtropicale de l'Amérique du Sud, a des pousses assez épaisses et de superbes grappes de fleurs écarlates.
Floraison: début de l'été, fin de l'hiver par à-coups.
Situation: ensoleillée.
Substrat: humus, riche, perméable.
Arrosage/engrais: arroser abondamment et apporter de l'engrais une fois par semaine.
Hivernage: à l'abri du gel, à 5-8°C; dans l'obscurité, mais surtout au sec.
Maladies: acariens.
Particularités: ne pas tailler la plante pendant la croissance, car les fleurs apparaissent sur les nouvelles pousses.
Espèces/variétés: *E. Compacta* fleurit déjà lorsque la plante est

Fatsia japonica - aralie du Japon

Elle se développe surtout dans un environnement ombragé. *Fatsia* est originaire d'Extrême-Orient et pousse surtout au Japon et en Corée dans les bois près de la côte. Elle est cultivée depuis longtemps dans les jardins japonais, dans des variétés qu'on ne trouve que rarement en Europe.
Toutes les sortes de *Fatsia* sont des plantes à grandes feuilles

palmatiséquées vert foncé luisantes. Elles peuvent atteindre 25 x 40 cm. Ce feuillage forme un fond très décoratif sur lequel apparaissent en automne des ombelles couleur crème, qui sont regroupées en panicules.

Les petites baies noires ajoutent fin novembre une note décorative.

Floraison: fin de l'été jusqu'en automne.

Situation: ombragée, si l'humidité est suffisante peut se mettre à la mi-ombre, éviter les 'pieds froids'.

Substrat: humus, riche.

Arrosage/engrais: pendant l'été arroser abondamment et n'apporter que peu d'engrais, éviter la stagnation d'eau.

Hivernage: supporte quelques degrés sous zéro. Hiverne le mieux dans un endroit frais, clair et presque sans arrosage.

Maladies: pourrissement des tiges et des racines.

Particularités: baies noires, à croissance lente, jolie plante décorative.

Hebe - véronique arbustive

Parmi les nombreuses variétés de la famille *hebe*, la *H. speciosa* et la *H. andersonii* sont les plus intéressantes pour la culture en pots.

Le feuillage de cette véronique arbustive est gris-vert, étroit et accompagné de grappes de fleurs dans les tons bleu-violet, rosés ou rouge carmin. Dans la

nature, elles atteignent jusqu'à 15 cm de haut.

Floraison: fin de l'été jusqu'en automne.

Situation: ensoleillée.

Substrat: humus, riche, perméable.

Arrosage/engrais: pendant la croissance, bien maintenir l'humidité, éviter toute stagnation d'eau; apport d'engrais toutes les 2 semaines.

Hivernage: frais, clair, idéal pour serre froide, n'arroser que modérément.

Maladies: si l'endroit est trop humide, des champignons apparaissent rapidement.

Espèces/variétés: *H. speciosa* 'la séduisante', avec des grappes de fleurs rouge écarlate en fin

Les fleurs de la véronique arbustive apparaissent à la fin de l'été et conservent longtemps leur éclat.

d'été, et un aspect buissonnant arrondi; *H. Alice Amhurst*, floraison d'été dans les tons bleu-violet, croissance large; *H.* 'Great horme', fleurs brun-rouge-rose du printemps à l'automne très parfumées; *H.* 'Midsummer Beauty', fleurs bleu ciel en été, parfumées, droites ou retombantes.

Hibicus rosa-sinensis

L'hibiscus est originaire de Chine. Ses fleurs attrayantes sont les 'fleurs tropicales' - types. L' *Hibiscus rosa-sinensis* est la fleur nationale d'Hawaï. Les fleurs particulièrement chatoyantes ne se développent que dans une atmosphère tropicale chaude et humide, avec une température située entre 17 et 28° C. Chez nous, l'hibiscus se trouve comme plante ornementale en pot et est difficile à faire fleurir. Il a besoin d'un endroit chaud, mais pas sous les rayons directs du soleil, avec une humidité abondante. Ces exigences sont difficiles à concilier chez nous.
Floraison: été.
Situation: ensoleillée, avec un taux d'humidité de l'air élevé.

Substrat: humus, argile, contenant du silicate.
Arrosage/engrais: arroser abondamment et apport d'engrais important.
Soins: rabattre tous les deux ans, pour lui garder sa forme buissonnante.
Hivernage: à l'abri du gel. Dans un endroit clair et aéré, arrosage modéré.
Maladies: pucerons, acariens, champignons.
Particularités: a besoin de beaucoup de lumière.
Espèces/variétés: nombreuses, dans toutes les couleurs.

Lagerstroemia indica - lagerstrôme de l'Inde

Si on part dans le sud au mois d'août, l'on voit souvent sur les

Une fleur d'*Hibiscus rosa-sinensis* (à gauche).

Fleurs de lagerstrôme (à droite).

bords des rues ou dans les parcs de petits arbres aux branches dressées, au bout desquelles se trouvent des aigrettes de fleurs de 20 cm de long. Ce sont des lagerstrômes. A cause de leur bonne résistance - relative - aux gelées, ils sont fort appréciés comme arbustes à fleurs.
Floraison: août à octobre.
Situation: ensoleillée et chaude, sinon la plante fleurit trop tard; à abriter du vent.
Arrosage/engrais: les racines ne doivent jamais être desséchées, sinon les fleurs tombent. Pendant la croissance arroser abondamment et jus-

qu'en septembre apporter de l'engrais 1 fois par semaine. Eviter la stagnation d'eau.

Soins: pour une forme buissonnante, on ne retire que quelques pousses trop fortes.

Hivernage: supporte quelques degrés sous zéro. Dans les régions de vignoble, il supporte des températures hivernales allant jusqu'à -15°C à condition d'être bien protégé. Dans les régions froides et sèches, il peut hiverner dans l'obscurité.

Maladies: mildiou, pucerons.

Particularités: les lagerstrômes font des pousses très tardives, cela ne sert à rien de s'en irriter. Ils doivent être raccourcis, car ils ne portent des fleurs qu'aux extrémités des pousses. Se brisent facilement.

Espèces/variétés: plusieurs variétés à fleurs roses, violettes et rouges. Ces dernières sont les moins florifères. Il existe une forme naine, qui n'atteint que 80 cm de haut.

Lantana - lantanier

Il nous vient de l'Amérique tropicale et d'Afrique. Les lantaniers produisent de nombreuses petites fleurs, qui sont attachées ensemble par une tête en forme de boule. Ils ont un feuillage vert, abondant et vigoureux, qui dégage une forte odeur.

Floraison: été-automne.

Les lantaniers sont des hautes-tiges particulièrement réussis.

Situation: ensoleillée.

Substrat: humus, riche, argileux.

Arrosage/engrais: arrosage modéré, engrais modéré, éviter la stagnation d'eau.

Soins: raccourcir les pousses de moitié à chaque début de printemps.

Hivernage: à l'abri du gel, frais et clair, presque sec.

Maladies: acariens.

Particularités: couleurs changeantes, bleu métallique, baies toxiques.

Espèces/variétés: sur les 150 variétés différentes, seules quelques-unes conviennent comme plantes ornementales en pot. *L. montevidensis,* à fleurs basses de couleur rose-lilas, coloration automnale pourpre; *L. camara-hybrides* existe en de nombreuses couleurs.

Osmanthus - osmanthe

L'osmanthe est originaire du sud-est de la Chine; c'est une plante toujours verte, avec de petites feuilles coriaces vert foncé et des tiges retombantes à petites fleurs blanches disposées en aigrette.
L' *Osmanthus* est capable de bien s'adapter et pousse aussi bien au soleil qu'à la mi-ombre.
Floraison: début du

Malheureusement beaucoup trop rare, l'osmanthe si parfumé.

printemps, été ou automne, selon les cas.
Situation: ensoleillée à mi-ombragée.
Substrat: humus, riche et perméable.
Arrosage/engrais: arrosage modéré, les racines doivent rester humides sans stagnation d'eau.
Hivernage: frais et clair, quelques degrés sous zéro et un arrosage réduit, idéal pour une serre froide.
Maladies: pucerons, cochenilles.
Espèces/variétés: *O. delavayi,* petites feuilles, fleurs blanches ressemblant à du jasmin; *O. Burckwoodi,* variété légèrement plus robuste que la précédente; *O. fragrans,* floraison en automne, fleurs blanches; *O. fragrans 'Aurantiacus',* fleurs -

jaune-orangé; *O. heterophyllus,* feuillage palmifide, floraison en automne;
O. decorus feuillage brillant et fleurs blanches à la fin du printemps.

Pittosporum- pittosporum

Il doit son nom aux graines à forte teneur en résine qu'il contient. Cette plante aux feuilles persistantes est originaire des régions tropicales et subtropicales et compte environ 150 variétés aux aspects fort différents.
Pittosporum ne demande pas de soins.
Floraison: printemps - début de l'été.
Situation: ensoleillée.
Substrat: riche, humus.
Hivernage: supporte quelques degrés sous zéro, à l'abri du gel, clair et aéré, peut hiverner dans l'obscurité, doit se trouver dans un endroit très frais.
Maladies: cochenilles, pucerons.
Particularités: supporte bien la taille, parfumé.
Espèces/variétés: *P. tobira,* la principale est vert foncé et brillante, à forte croissance et avec des fleurs blanches; *P. tobira* 'Nana', basse, fleurs blanches; *P. tenuifolium,* feuillage ondulé, fleurs rouge foncé, *P. tenuifolium variegatum* 'Silver Queen', feuilles blanches panachées; *P. undulatum,* feuilles ondulées qui forment des couronnes, fleurs blanches; *P. crassifolium,* fleurs rouges.

Tibouchina urvilleana

Le *Tibouchina* appartient à un groupe de plantes originaires de l'Amérique tropicale qui compte plus de 200 sortes. Seul le *Tibouchina urvilleana* convient comme plante ornementale en pot. C'est une plante à la croissance un peu désordonnée et qui atteint jusqu'à 6 m de hauteur dans la nature.

Les feuilles sont très spéciales et décoratives, légèrement veloutées.

Floraison: fin de l'été jusqu'en automne.

Situation: ensoleillée.

Substrat: humus, riche, perméable.

Arrosage/engrais: arroser et apporter de l'engrais de manière régulière pendant la croissance.

Soins: on peut lui conserver une forme buissonnante en le taillant, ce qui ne peut se faire que pendant la croissance et uniquement sur les bois de l'année. C'est également une façon de régulariser la floraison. Si elle n'est pas taillée, la plante fleurit dès l'été.

Hivernage: à l'abri du gel, pas en-dessous de 5° C, clair, arrosage limité.

Maladies: rares, champignons sur les racines en cas de stagnation d'eau.

Particularités: devient vite désordonné.

Espèces/variétés: *T. Urvilleana* a de grandes fleurs bleues à la fin de l'été; les formes naines donnent des fleurs légèrement plus foncées et à cause de sa floraison tardive, il

Une autre plante au parfum merveilleux, le pittosporum (en haut à gauche).

Le *Tibouchina*, à cause de son feuillage velouté, fait partie de ces plantes qui donnent une impression inoubliable.

ne convient que pour les jardins d'hiver.

Plantes grimpantes pour espace réduit

Autant les plantes grimpantes sont nécessaires dans un jardin ou un balcon pour diviser ou cloisonner un espace ou habiller un mur, autant leur fonction comme plante en pot est importante bien que fort différente. Souvent c'est uniquement leur aspect d'écran visuel qui est conservé. C'est bien dommage car elles gardent en pot leur aspect décoratif et peuvent de ce fait remplacer d'autres arbustes moins jolis. La plante grimpante, qui est cultivée comme plante ornementale en pot, n'atteindra bien entendu pas la luxuriance d'une plante qui pousse en pleine nature. Mais ce n'est pas une raison suffisante pour y renoncer.

L'élément le plus important est la situation, donc en fait l'orientation de la terrasse. Pendant combien d'heures par jour la terrasse reçoit-elle du soleil, est-elle abritée du vent du nord ou de l'est? Le climat joue aussi un rôle important, par exemple dans les contrées qui subissent de fréquents orages d'été. Les plantes en pots 'normales' peuvent éventuellement être déplacées de temps en temps, si l'on constate que l'emplacement ne leur convient pas. Ceci n'est pas possible pour les plantes grimpantes.

L'autre élément important est le grillage ou le treillis qui supporte la plante. Ce soutien est vital pour nombre d'entre elles, et cela dès qu'elles sont petites. Selon la plante choisie, il doit être plus ou moins stable et assez résistant pour ne pas se casser au bout d'un an sous le poids des autres plantes. Il est très difficile de procéder à des changements ultérieurs et les plantes en souffrent toujours. C'est la même chose pour les récipients: il est important de faire le bon choix du premier coup et surtout de bien estimer la taille. Ce sont des éléments vitaux pour obtenir de bons résultats ultérieurs. Lorsque la plante a bien pris racine et que sa croissance est commencée, il ne sera plus possible de la rempoter sans l'abîmer un tant soit peu. Petite consolation: nombre de ces plantes grimpantes doivent être rabattues avant d'être rentrées, ce qui facilite leur déplacement vers un autre endroit.

Bougainvillea - bougainvillée

Ce groupe de plantes est originaire du Pacifique et d'Asie. Les coloris sont nombreux, notamment l'espèce rouge-violette *B. Glabra*, qui est la plus robuste. D'un point de vue botanique, les fleurs des bougainvillées sont considérées comme des bractées qui enveloppent la plante d'une robe colorée.

Floraison: été.
Situation: ensoleillée, à l'abri du vent.
Substrat: riche, humus, humide; pas de stagnation d'eau.
Arrosage/engrais: arroser abondamment pendant la croissance et apporter de l'engrais 1 fois par semaine.
Soins: raccourcir les pousses trop longues.
Hivernage: à l'abri du gel, frais et plutôt sec; éviter les racines froides et mouillées.
Maladies: pucerons, chenilles, mildiou.
Espèces/variétés: *B. glabra* 'Sanderiana', *B. glabra* 'Alexandra'.

Campsis - tecoma

Le tecoma peut atteindre jusqu'à 5 m de haut. Ses fleurs en forme de trompette sont rassemblées par groupes, comptant parfois jusqu'à 12, rassemblées en panicule. Elles apparaissent de fin juin à fin août. Le feuillage est vert clair et penné.

Qui ne connaît pas les bougain-villées? Voici un exemplaire de toute beauté (à gauche).

Même si elles ne sont pas toujours aussi touffues, les bougai-villées poussent droit.

Floraison: juillet à septembre.
Situation: ensoleillée, riche, perméable.
Arrosage/engrais: pendant la croissance, arrosage abondant et engrais régulier.
Soins: rabattre les pousses de fleurs avant de les ranger.
Hivernage: supporte quelques degrés sous zéro.
Maladies: pucèrons, acariens.
Particularités: les fleurs sont aux extrémités des jeunes pousses.
Espèces/variétés: *C. radicans* 'Flava', jaune; *C. Grandiflora* 'Yellow Trumpet', 'Mme Galen', rouge corail; *C. radicans astropurpures,* rouge.

Jasminum - Jasmin

Le jasmin est l'une des plantes grimpantes les plus connues, grâce à son parfum ennivrant. Mais son aspect décoratif n'est pas à dénigrer. Toutes les espèces de jasmin ont besoin d'un

Les grandes fleurs du tecoma (à gauche)

Fleurs du jasmin jaune (à droite)

support.
Floraison: différente selon les sortes.
Situation: ensoleillée à mi-ombragée.
Substrat: humus, riche, perméable.
Soins: rabattre si la croissance est trop forte.
Arrosage/engrais: garder moyennement humide et apporter régulièrement de l'engrais.
Hivernage: différent selon les espèces, celles à feuilles persistantes ne supportent pas le gel et doivent hiverner dans un endroit très frais et clair.
Maladies: rares.

Particularités: *J. polyanthum* est sensible aux vents froids.
Espèces/variétés: *J.mesnyi,* aussi appelé jasmin primevère à cause de ses fleurs jaunes, est une plante qui fleurit en hiver. Si on le place dans un jardin d'hiver à l'abri du gel, les fleurs jaunes apparaissent à la fin de l'hiver. Ses tiges pendantes tombent en cascade et lui donnent un aspect superbe.
J. mesnyi est semi-persistant, c'est-à-dire qu'il peut perdre une partie de son feuillage. Il faut le faire hiverner dans un endroit frais et éventuellement sombre s'il existe des risques de gelées avec des températures tombant en dessous de -10° C. Important: on ne peut rabattre qu'immédiatement après la floraison, sinon celle-ci est compromise pour l'année suivante. *J. mesnyi* préfère un sol riche, frais, avec une forte teneur en humus et avec beaucoup d'eau au printemps.

J. officinale est le jasmin le plus courant. Son origine n'est pas clairement établie, mais c'est probablement l'Asie tropicale. Depuis des siècles, il est employé dans l'industrie du parfum et est cultivé sur de grandes superficies dans ce but en France. Ce jasmin, aussi appelé *J. officinale affine,* a besoin de beaucoup de soleil. Il pousse aussi dans un sol pauvre. Ses aigrettes blanches dégagent un parfum très fin et entêtant en plein été, qui est plus agréable que celui de *J. polyanthum.* Cette plante a une forte croissance, en situation privilégiée elle atteint souvent 10 m de haut. Elle peut également être taillée en automne. *J. officinalis* est robuste mais doit être mis dans un endroit frais et à l'abri du gel, mais peut ressortir dès que les risques de gel sont éliminés. *Jasmin polyanthum* est une espèce originaire de Chine, avec des feuilles pennées très décoratives d'un vert intense. Les fleurs blanches, roses au début, apparaissent en grande quantité au début de l'été. Leur parfum envoûtant est perceptible de loin. *J. polyanthum* est une plante grimpante à forte croissance qui atteint facilement 5 m. Elle est sensible au vent froid, ce dont témoignent des feuilles séchées. Le jasmin supporte quelques degrés sous zéro, mais préfère passer l'hiver sans connaître la morsure du gel; un endroit lumineux, un jardin d'hiver par exemple, est idéal

pour lui. Quand *J. polyanthum* est devenu trop grand, il peut être taillé en automne avant d'être rentré. Cette plante qui demande un sol très riche a également besoin de beaucoup d'eau.

J. Sambac, le jasmin d'Arabie, provient d'Inde et du Sri Lanka et se différencie extérieurement beaucoup des autres sortes présentées plus haut. Ses feuilles sont coriaces, ovales ou rondes et rangées par trois.

Les fleurs blanches apparaissent en aigrettes qui peuvent compter jusqu'à 12 fleurs toutes fort odorantes. Elles sont employées pour la fabrication du parfum et pour aromatiser le thé.

La croissance de cette plante n'est pas tellement exubérante et est très lente. Elle ne grimpe pas plus haut que 3 m, mais apprécie une taille.

J. Sambac doit aussi être mis dans un endroit frais et passer l'hiver à l'abri du gel.

J. nudiflorum, à ne pas confondre avec le jasmin primevère, donne également des fleurs jaunes. Il fleurit sur des branches dénudées à la fin de l'hiver et forme des branches retombantes.

Résiste bien au gel et n'est pas exigeant. Hiverne à l'extérieur s'il est protégé.

Le vrai jasmin avec ses fleurs abondantes.

Floraison: été.
Situation: ensoleillé, aérée.
Substrat: humus, riche, perméable, légèrement sablonneux, calcaire.
Arrosage/engrais: arroser beaucoup mais éviter la stagnation d'eau. Dès le début de la croissance et jusque fin août, apport d'engrais 1 fois par semaine.
Soins: après la chute des feuilles, rabattre jusqu'au niveau du sol.
Hivernage: rentrer quand les racines sont sèches et la mettre dans un endroit très frais et sombre; n'arroser que modérément. Dès mars, la mettre dans un endroit plus clair et plus chaud.
Maladies: très sensible aux pucerons et aux acariens, ainsi qu'à la pourriture des racines.
Particularités: toxique.
Espèces/variétés: *M. laxa,* jasmin du Chili, blanc. La variété 'Alice du Pont' est à feuilles persistantes et porte des fleurs roses. Elle est aussi très délicate.

Les fleurs de la mauve rappellent celles de l'abutilon.

Mandevilla

Provenant d'Amérique tropicale, *Mandevilla* est une plante grimpante à croissance rapide. Elle possède des jets très tendres et de grandes feuilles en forme de cœur, d'un vert tendre. Ses fleurs blanches sont rassemblées en bouquet; viennent ensuite des fruits très longs ressemblant à des haricots. *Mandevilla* fleurit de juin-juillet à fin septembre. Elle s'obtient facilement par semis et atteint 1 m de haut dès la première année.

Le *Pandorea* avec sa fleur rose pâle au cœur foncé.

Malvaviscus arboreus - mauve

C'est une famille de fleurs originaire de l'Amérique du Sud, qui pousse vite mais ne supporte pas le gel. Les feuilles vert profond sont divisées en trois, et les fleurs rouges de 3 cm de long portent des étamines pendantes et apparaissent au bout de longues hampes.

Floraison: à un emplacement chaud, toute l'année.

Situation: chaude, ensoleillée à mi-ombragée.

Substrat: humus, riche.

Arrosage/engrais: racines humides, apport d'engrais 1 fois par semaine.

Hivernage: à l'abri du gel, très clair, avec une température de 10° C environ. Arroser peu.

Maladies: pucerons, mouches blanches.

Particularités: demande beaucoup de lumière, ramifie très peu, supporte très bien d'être rabattue. Convient aussi comme haute-tige.

Espèces/variétés: *M. mollis* porte de petites fleurs rouges à port vertical.

La *Mandevilla* est une plante grimpante au parfum profond.

Pandorea

Fait partie de la famille des bignoniacées et porte des fleurs roses.

Floraison: juin à août.

Situation: ensoleillée, claire.

Substrat: humus, riche, fort humide, pas d'eau stagnante.

Arrosage/engrais: bien garder humide pendant la croissance et apporter de l'engrais régulièrement.

Hivernage: ne supporte pas le gel. L'idéal est un jardin d'hiver bien chaud; elle commence alors à fleurir en mars. Si la lumière manque, les feuilles risquent de tomber.

Maladies: pucerons.

Espèces/variétés: *P. jaminoides* 'Alba' blanc, 'rosea', de couleur rose.

Fleur de passiflore.

Passiflora - passiflore

Cette plante est l'une des plus exotiques. Elle est originaire de l'Amérique tropicale et subtropicale d'où elle a été emmenée en Europe par des missionnaires jésuites, au XVIIe siècle.

Les biologistes et les pharmaciens lui attribuent des vertus thérapeutiques. Ses substances agissent lors de troubles du sommeil, en cas de stress et lors d'ennuis d'origine nerveuse. La famille des passiflores compte environ 500 sortes différentes de plantes grimpantes, qui sont difficiles à identifier. Comme elles se lais-

sent facilement croiser, on trouve de nombreux hybrides dans le commerce. Les exigences des différentes espèces sont variables. Il y en a certaines comme la *Passiflora caerulea*, qui sont très robustes et qui restent dehors toute l'année dans les régions côtières italiennes. D'autres par contre, comme la *P. quadrangularis,* doivent passer l'hiver à l'abri du gel. Les soins aussi sont différents.

Floraison: du printemps au début de l'automne, selon les espèces.

Situation: ensoleillée, taux d'humidité de l'air élevé.

Substrat: riche, humus, perméable.

Arrosage/engrais: doit être très humide, vaporiser, apport d'engrais 1 fois par semaine.

Hivernage: à l'abri du gel, selon les espèces dans un endroit plus ou moins chaud et clair.

Maladies: pucerons, cochenilles, acariens.

Particularités: rabattre lorsqu'on la rentre, demande d'être soutenue.

Espèces/variétés: *P. caerula,* blanc/ rose pâle, très robuste; 'Constance Elliot', blanc ivoire; 'Impératrice Eugénie' lilas/blanc; *P. violacea*, grandes fleurs pendantes violettes, croissance rapide; *P. incarnata,* blanc/bleu lavande, très robuste, jets venant tardivement, fruits comestibles;

P. edulis, grande fleur rouge pourpre et fruits comestibles (maracujas), uniquement dans un jardin d'hiver chaud;

P. racemosa, fleurs couleur rouge écarlate, très grandes panicules fleuries portant entre 8 et 13 fleurs.

Plumbago

Ses ombelles, surtout dans les tons bleu ciel, apparaissent pendant tout l'été. Il existe aussi une variété blanche. Le *Plumbago* pousse de façon assez désordonnée et peut atteindre rapidement 4 m de haut. Ses pousses sont fragiles. A cause de ses jets retombants, cette plante convient très bien pour les paniers suspendus. Le meilleur effet est obtenu en le faisant grimper le long d'un espalier.

Floraison: de l'été à l'automne.
Situation: ensoleillée, à l'abri du vent et de la pluie.
Substrat: humus, riche et perméable.
Arrosage/engrais: arrosage abondant et apport d'engrais 1 fois par semaine.
Soins: bien lier et nettoyer.
Hivernage: à l'abri du gel et presque sec; si l'hivernage se fait dans un local sombre, rabattre fortement.
Maladies: rares.
Particularités: convient comme bouquet funèbre.
Espèces/variétés: *P. auricula-ta* 'Caerula', bleu ciel; *P. alba*, blanc pur.

Podranea

Ses fleurs lilas tendre-rosé, de 5 cm, tubulaires, qui rappellent légèrement les fleurs de la *Campsis*, apparaissent en panicules accompagnées d'un très joli feuillage.

Floraison: juillet à fin septembre.
Situation: ensoleillée.
Substrat: toute terre de jardin suffisamment riche.
Arrosage/engrais: arrosage abondant et beaucoup d'engrais.
Soins: à forte croissance, un soutien très stable est nécessaire pour qu'elle grimpe.
Hivernage: à l'abri du gel, frais et clair peut hiverner dans un endroit sombre.
Maladies: pucerons.
Particularités: si l'endroit d'hivernage est froid, elle perd des feuilles.
Espèces/variétés: *P. ricasolia-na*, grandes fleurs en clochettes roses.

Les fleurs du *Podranea* à ne pas confondre avec celles du *Pandorea*

Le *Plumbago*-buisson avec ses fleurs bleu pâle (ci-dessous)

Plantes pour terre acide

Parmi les plantes tropicales et subtropicales, un grand nombre proviennent des régions humides du globe - des zones situées près des grandes étendues d'eau (mer ou océan) ainsi que sur les flancs de montagne exposés au vent. Ces régions sont soit des zones à vent modéré comme les régions subtropicales d'altitude, soit des régions aux hivers froids comme ceux que connaît l'Asie de l'Est. Ce qui est commun aux deux, c'est un haut niveau de précipitations et un taux d'humidité de l'air fort élevé qui en est la conséquence directe. A cause des pluies abondantes, les sols de ces régions sont pauvres en éléments nutritifs et acides. Les plantes qui proviennent des zones climatiques très nuageuses se sont adaptées à ces conditions de manière idéale, et n'ont besoin que de peu de lumière. Ce sont des plantes qui préfèrent l'ombre au soleil. Certaines demandent des soins très nombreux, mais si vous prêtez un minimum d'attention à leurs besoins, vous pourrez les cultiver sans problème. En ce qui concerne le climat et l'humidité de l'air, vous ne pouvez exercer qu'une influence limitée. Il faut donc mieux concentrer votre attention sur l'emplacement et le substrat que vous leur donnerez. L'emplacement est rapidement déterminé. Le plus favorable est une orientation nord, nord-est, ou bien un balcon à l'ombre où la percée du soleil est limitée par des bâtiments. Ce qui est idéal, ce sont des endroits légèrement ombrés, comme s'ils se trouvaient derrière un rideau d'arbres. Plus l'air est humide, plus la plante supportera le soleil. Le sol qui convient le mieux pour ces plantes que l'on qualifie parfois de plantes marécageuses est la terre pour rhododendrons. Il est déconseillé de réaliser soi-même le mélange de terre destiné à recevoir ces plantes extrêmement sensibles. Certaines sont des ennemies jurées du calcaire et dès que le pH de l'eau dépasse 5,5 elles deviennent malades ou arrêtent carrément leur croissance. Cette prédilection pour le sol acide ne doit pas être oubliée lorsqu'on arrose. L'eau employée ne doit absolument pas contenir de calcaire.

Azalées et rhododendrons

Ces plantes sont originaires de l'Asie orientale et de l'Asie du sud-est. Un grand nombre d'entre elles, particulièrement celles originaires des régions plus fraîches, se sont adaptées au climat européen.
Floraison: d'avril à juin.
Situation: à la mi-ombre ou à l'ombre.
Substrat: terre pour rhododendrons.
Arrosage/engrais: garder les racines toujours humides, pas de stagnation d'eau. Apport d'engrais pour rhododendron en avril.
Soins: retirer les gousses de graines, pour activer la floraison de l'année suivante.
Hivernage: celles qui sont en

Les azalées sont de bonnes plantes ornementales en pot à placer dans un endroit ombragé.

pot ont besoin d'une bonne protection pour éviter un dessèchement provoqué par le gel des racines.

Espèces/ variétés: les variétés *R. yakushimanum* et *R. repens* qui ne deviennent pas plus hautes que 120 cm, conviennent très bien. *R. williasianum* a des feuilles rondes et des fleurs en forme de clochette et *R. impetidum*,

une espèce naine, qui ne dépasse pas 50 cm. Les fleurs de ces rhododendrons sont bleu-mauve, violettes ou bleu lavande, avec un feuillage bleu-vert. Une variété très spéciale est la *R. russatum,* une espèce sauvage ou ses hybrides à fleurs bleu-pourpre et une au feuillage très contrasté. Pour des endroits plus ombragés mais chauds, on notera le

R. 'Fragantissum', dont les fleurs rappellent vaguement celles des lys. Pour les azalées qui font partie de la même famille botanique que les rhododendrons, ce sont surtout les azalées à feuilles persistantes qui se cultivent le mieux en pots. On les appelle souvent 'azalées japonaises'. Ce groupe est composé d'un mélange de beaucoup d'espèces sauvages qui ont donné naissance à de nombreux hybrides.

Les hybrides obtenus à partir du groupe *Obtusum* poussent lentement et restent bas tout en étant très florifères. Ils ont une bonne résistance aux rigueurs de l'hiver.

Les hybrides à croissance plus haute, qui proviennent de *R. kaempferi* sont au contraire très sensibles au gel et comme plantes en pot ne supportent l'hivernage extérieur que dans des régions très clémentes. Les nouvelles sortes Diamant-hybrides sont assez robustes et résistent bien au gel. En ce qui concerne leur emploi, ces azalées japonaises se situent entre les plantes pulviniformes et les petits arbustes. Elles atteignent une hauteur maximale de 50 cm, ce qui en fait de bonnes plantes en pot. Il existe de nombreuses variétés de rouge et de rose ainsi que du bleu allant vers le lilas et aussi des espèces à fleurs blanches et orangées. Seul le jaune n'est pas représenté. Bien qu'elles supportent assez bien le soleil, les azalées pâlissent s'il est trop fort et fanent alors.

Camelia - camélia

Cet arbuste provient de l'est de l'Asie.

Floraison: selon les espèces, d'octobre à avril.

Situation: mi-ombragée, à l'abri du vent.

Substrat: terre pour rhododendrons, bien perméable. Les camélias supportent moins bien le calcaire que les rhododendrons.

Si la couleur jaune manque dans le groupe des azalées japonaises, les azalées à feuilles caduques disposent, elles, d'une grande gamme de tons jaunes et orangés. Ces azalées, vertes en été, ont été divisées en 5 groupes. Chez les robustes hybrides-*Pontica* (parfois appelées *R. luteum*), on trouve beaucoup de plantes très odorantes, alors que les hybrides Knap-Hill se caractérisent par leurs très grandes fleurs.

Callistemon citrinus - callistémon

Parmi les variétés de *Callistemon*, seul le *C. citrinus* est connu chez nous. Originaire d'Australie, cet arbuste peut atteindre 3 m de haut. Il a des feuilles persistantes, étroites et effilées.

Floraison: été.

Situation: ensoleillée.

Substrat: terre pour rhododendrons ou terre mélangée à des copeaux d'écorce broyés.

Arrosage/engrais: pendant la croissance, arrosage abondant et engrais une fois par semaine.

Hivernage: à l'abri du gel, très frais et clair, relativement sec, sans pour autant laisser dessécher les racines.

Maladies: cochenilles.

Particularités: attire les cochenilles.

Arrosage/engrais: garder les racines toujours légèrement humides, ne pas employer de l'eau froide, vaporiser le feuillage de temps à autre (par temps gris). Etre très prudent avec l'engrais.

Soins: ne pas le changer brutalement de place.

Hivernage: à l'abri du gel, clair et frais, idéalement dans une serre froide.

Maladies: pucerons, rouille, chlorose.

Particularités: les camélias perdent leurs feuilles lorsqu'ils sont placés soudainement dans une pièce chaude.

Espèces/variétés: *C. japonica*, floraison entre février et avril, compte de nombreux hybrides; *C. sasanqua*, floraison d'octobre à décembre, un peu moins sensible au froid,

supporte mieux le soleil, léger parfum.

Les fleurs roses du cornouiller fleuri sont très attirantes, parce qu'elles apparaissent sur des branches nues.

Cornus florida - cornouiller fleuri

C'est un arbrisseau à croissance lente, et un arbrisseau à l'allure élégante quand il est jeune, qui au fil du temps se transforme en petit arbre. Ses feuilles sont vert-clair, courbées en forme de croissant et fortement nervurées. Ses fleurs superbes qui rappellent les fleurs de la clématite sont en fait des bractées. Elles apparaissent assez tard au printemps.

Floraison: printemps.

Situation: ensoleillée à mi-ombragée, à l'abri du vent.

Substrat: humus, riche, acide.

Arrosage/engrais: pendant la croissance, arrosage abondant et apport régulier d'engrais.

Hivernage: dans les régions de vignoble et dans les zones

côtières, il peut rester dehors à condition d'être à l'abri du vent. Dans les autres régions, il faut le rentrer dans un endroit très frais et clair, ou même dans un endroit sombre.

Maladies: chlorose.

Particularités: les pousses sont sensibles aux dernières gelées.

Espèces/variétés: *C. florida*, espèce américaine aux fleurs blanches apparaissant à la fin du printemps; *C. florida* 'Rubra' rouge rose avec une coloration rouge à pourpre en automne. *C. kousa* et *C. kousa chinensis* portent toutes les deux des fleurs blanches; *C. nuttalii*, fleurs aux tons crème.

Olearia - oléaria, arbre à marguerites

Dans leur pays d'origine, la Nouvelle-Zélande, ces arbres sont appelés 'arbres à marguerites' à cause de l'abondance de leurs fleurs blanches. Parmi les nombreuses variétés, l'*Olearia*

Les fleurs du *Sarcococca* sont petites mais dégagent un puissant parfum de vanille (à droite).

Les arbres à marguerites produisent une énorme quantité de fleurs (en-dessous).

paniculata se distingue. Ses tiges se couvrent de fleurs blanches.
Floraison: printemps, été.
Situation: ensoleillée.
Substrat: humus, riche, bien perméable, acide.
Arrosage/engrais: arrosage moyen et engrais.
Hivernage: à l'abri du gel, frais, clair et aéré.
Particularités: peut être rajeuni par taille.
Espèces/variétés: *O. paniculata* et *o. traversii x O. macrodonta* 'ajor", sont les espèces les plus robustes.
O. phlogopappa est de couleur pourpre.

Sarcococca

Ce petit arbrisseau très buissonnant fleurit au milieu de l'hiver et ses petites fleurs crème ont un parfum de vanille.
Floraison: fin de l'hiver jusqu'au printemps.
Situation: mi-ombre.
Substrat: riche, humus, acide, terre de rhododendron.
Arrosage/engrais: maintenir les racines humides et, pendant la croissance, apport d'engrais modéré.
Hivernage: comme plante ornementale en pot, il vaut mieux le placer dans un endroit frais, clair ou une serre froide.
Particularités: petites fleurs dégageant un fort parfum de vanille.
Espèces/variétés: *S. humilis*, très ramifié; *S. ruscifolia*, fleurit en mars et porte des baies rou-

ges; *S. confusa* porte des baies noires.

Skimmia - skimmia

Cette plante à feuilles persistantes est surtout cultivée pour la couleur extraordinaire de ses fruits. Ses feuilles de taille moyenne sont allongées, vert foncé et brillantes.

Floraison: fin de l'hiver jusqu'au début du printemps.
Situation: mi-ombre.
Substrat: terre de rhododendron.
Arrosage/engrais: maintenir les racines bien humides et apporter de l'engrais au printemps mais modérément.
Hivernage: comme pour les rhododendrons, il existe un danger de dessèchement des racines dû au gel. Pour cette raison, il vaut mieux la placer dans un endroit frais et clair, pour que les fleurs et les baies ne tombent pas à cause du gel.
Particularités: les baies ne poussent que sur les plantes femelles.
Maladies: chlorose.
Espèces/variétés: *S. japonica* 'Rubellea", une plante avec des bourgeons pourpres en hiver; 'frangrans' qui est moins jolie, mais dont les fleurs dégagent un parfum ressemblant à celui du muguet mâle; 'Ruby Dome', mâle, compact 'Nymans', des baies particulièrement jolies; 'Foremanii', femelle, grandes baies. En cas de place limitée 'Bowles Dwarf' qui porte des fleurs mâles et femelles;
S. x confusa 'Kew Green', bas, large, feuillage vert clair très parfumé, feuillage vert pâle.

Les skimmias sont de jolies plantes ornementales en pot. Ici fleurs et baies.

Hydrangea - hortensia

L'*hydrangea*, originaire d'Extrême-Orient, compte parmi les plus beaux arbrisseaux à fleurs. Les hortensias ont pour patrie la Chine et le Japon, où ils fleurissent à l'abri des regards dans les jardins intérieurs parmi les azalées et les glycines.

Ce n'est qu'au XVIIIe siècle qu'ils sont arrivés en Europe, en passant par la France. On en distingue de nombreuses variétés, qui se différencient par leur forme, la couleur de leurs feuilles ou encore par la forme de leurs fleurs. Pour mettre en pots, il vaut mieux éliminer les formes hautes et se contenter des espèces plus basses ou des grimpantes.

Si l'on considère la forme des fleurs, on peut faire la différence entre les boutons de fleurs ronds qui donnent des fleurs stériles, et les boutons de fleurs plats qui donnent les vraies fleurs, de petite taille et entourées d'une couronne de fleurs stériles. L'hortensia parasol n'a été découvert que récemment par les horticulteurs.

Floraison: juin à août-septembre.

Situation: mi-ombragée à ensoleillée, les variétés à floraison rouge supportent plus de soleil.

Substrat: humus, riche, à tendance acide, très humide, mais pas de stagnation. Taux de pH idéal; 4,5-5 pour les variétés bleues, 5,5-7 pour les variétés roses ou rouges.

Arrosage/engrais: un arrosage abondant (de préférence à l'eau de pluie) est indispensable. Les racines doivent rester humides pendant la croissance. Apport toutes les deux semaines d'engrais sans calcaire mais gardant des traces de fer et d'aluminium. Ne pas donner de l'engrais aux variétés roses à partir de l'automne.

Hivernage: dans les régions de vignoble ou les régions côtières, les hortensias peuvent passer l'hiver dehors avec une bonne protection. Dans les régions plus froides, il faut les rentrer et les placer dans un endroit très frais et sombre.

Maladies: acariens.

Particularités: la palette de couleurs s'étend du rose le plus pâle au rouge très foncé, du bleu ciel au turquoise, du lilas au pourpre.

Les sols acides, contenant de l'aluminium et du fer, produisent des hortensias à fleurs bleues. Dans un sol neutre ou une terre calcaire, les fleurs seront roses ou rouges.

Les hortensias poussent aussi bien en pots.

D'après les variétés à partir desquelles les hybrides ont été obtenus, on aura une nuance de départ bleutée ou rosée:

pH 4,5: bleu intense
pH 5,1: bleu
pH 5,5: mauve
pH 6,5: violet
pH 6,9: rose
pH 7,5: rose pâle

Pour 1 l d'eau, compter 3-5 g de sulfate d'aluminium (Alaun), toutes les 2 semaines.
Espèces/variétés: *H. macrobylla;* c'est à partir de cette variété que la majorité des hybrides avec des boutons ronds ont été obtenus. 'Hambourg', 'Heinrich Seidel', 'Bouquet rose', tous dans les tons rose, rouge, pourpre. 'Merveille', rose peut par traitement devenir bleu, 'Fisher', 'S Silverblue', bleu moyen; 'Westfalen' pourpre bleuté; 'Kluis superba' bleu foncé. Dans les hortensias parasols, il existe des variétés extraordinaires qui passent du rose au bleu. 'Blue Wave', rouge-bleu, une plante à forte croissance convenant pour de grands pots; 'tricolor' feuillage panaché blanc, fleurs rose pâle, ainsi que de nombreux nouveaux croisements, souvent dans des tons très toniques.
H. aspera ssp. sargentiana, l'hortensia de velours, a un feuillage velouté vert foncé et des fleurs en forme de parasol, très décoratives mais sensibles au gel.
Les hortensias plus petits, par exemple *H. x serrata,* des hybrides obtenus à partir d'espèces fort différentes, grandissent environ à 1,20 m de haut. Ils conviennent aussi aux emplacements ombragés. Les plus célèbres sont 'Blue Bird' avec des boutons de fleurs arqués et des fleurs bleu ciel au centre et sur les bords. Les hortensias parasols 'Rosalba' sont roses sur le pourtour et bleus au centre.
H. paniculata 'Unique' et 'Grandiflora' portent des fleurs plus tubulaires blanches, qui pour la variété 'Floribunda' sont particulièrement grandes. *H. petiolaris* est un hortensia

Les hortensias bleus sont particulièrement recherchés. Ici, la fleur d'un hortensia parasol.

grimpant. Ses fleurs sont grandes, plates, blanc crème. Les plantes grimpent à l'aide de racines ventouses.

Fuchsia - fuchsia

Les fuchsias poussaient au départ sur le versant ouest des Andes à 3 000 m d'altitude. Le climat y est frais et sec. C'est pourquoi les fuchsias peuvent presque être inclus dans les plantes tropicales.

De l'Amérique du Sud, ils se sont étendus à la Nouvelle-Zélande en passant par le Pacifique et Tahiti, et au Nord jusqu'au Mexique.

Le nombre d'espèces est très grand. On en connaît plus de 100. Les variétés qui proviennent de Nouvelle-Zélande peuvent facilement atteindre la taille d'un arbre, alors que les autres n'ont que quelques centimètres. On trouve des fuchsias grimpants à l'état sauvage. Tous les fuchsias sont à feuilles caduques et font de nouveaux jets chaque année.

Fuchsia magellanica qui compte beaucoup d'hybrides et de variétés est un des plus robustes. Il donne de petits buissons très aérés, pouvant atteindre jusqu'à 2 m de haut. Les feuilles sont décoratives, étroites et allongées. Les fleurs très nombreuses apparaissent par groupes de quatre, elles sont longues, avec une partie tubulaire

Les fuchsias sont appréciés de tous. Il faut leur réserver un emplacement plus ou moins ombragé.

rouge, un calice aux pétales rosés, une corolle violette (petite jupe) et de longues étamines pendantes rouges. Il existe une variété à petites fleurs blanches: *F.m.* 'Alba' ou aussi appelée *F. m.* var. *molinae.*

Comme nous l'avons déjà dit, *F. magellanica* est le fuchsia le plus résistant au froid hivernal. Les parties qui se trouvent au-dessus du niveau du sol gèlent, mais la plante refait des jets et du bois.

Toutes les autres variétés de fuchsias sont très sensibles au froid et doivent passer l'hiver dans un endroit à l'abri du gel. Beaucoup de sortes, dont les *F. triphylla,* qui fleurissent en hiver, demandent une température minimale de 10° C.

Les fuchsias poussent dans des endroits sauvages, dans les montagnes, généralement au pied d'arbustes qui les protègent des rayons directs du soleil mais qui laissent passer assez de lumière et d'air. Selon les sortes et les espèces, les fuchsias supportent plus ou moins le soleil.

L'endroit idéal pour le pot est une orientation est ou ouest. Le *Tryphylla*-hybride qui donne des fleurs orange, supporte un peu mieux le soleil que les variétés blanches et roses.

Floraison: été.
Situation: ensoleillée à mi-ombragée.
Substrat: humus, riche, à tendance acide, perméable.
Arrosage/engrais: les racines doivent rester humides pendant

la croissance, mais éviter la stagnation d'eau, car elle peut être mortelle. Engrais 1 fois par semaine.
Soins: nettoyer, lier éventuellement les hautes-tiges.
Hivernage: à l'abri du gel, frais, aéré et sombre, arroser très peu et rentrer le plus tard possible. Les jeunes plantes et les *Triphylla*-hybrides doivent hiverner dans un local clair à une température d'au moins 10° C. Avant de les rentrer, il faut les rabattre d'un tiers.
Maladies: pucerons, acariens,

Une superbe fleur de fuchsia.

moisissure, rouille des fuchsias.
Espèces/variétés: il existe de nombreuses sortes et espèces.

Plantes vivaces ornementales et fleurs à bulbe

Les plantes vivaces et certaines fleurs à bulbe conviennent parfaitement pour la culture en pots. Pour beaucoup d'amateurs de plantes qui ne dispo-sent pas d'une serre chaude ni même d'un endroit à l'abri du gel, la culture des grands arbustes exotiques qu'il faut rentrer et sortir à chaque saison se révèle assez fastidieuse. Néanmoins, ce n'est pas pour cela qu'il faut renoncer à la beauté des plantes ornementa-les en pots.

La quantité de plantes qui se contentent d'être placées dans un garage ou une cave pour passer l'hiver est bien plus grande qu'on ne l'imagine.

Ce qui est idéal pour les terrasses et les balcons, ce sont les plantes vivaces. Ce sont des plantes dont les parties se trouvant au-dessus du sol meurent en hiver, et qui repoussent à partir des racines au printemps. Des plantes aussi différentes que les asters, le muguet, les iris ou les pieds-d'alouette appartiennent à ce type de plantes, ainsi que d'ailleurs les plantes à bulbe, par exemple les lis.

Toutes ne résistent pas nécessairement à l'hiver lorsqu'elles sont en pots. Pour les plus sensibles, il est nécessaire de prévoir un endroit sec et frais. Et même les plantes vivaces doivent être emmitouflées dans des sacs de jute ou recouvertes de brindilles de bois. Pour réussir une plantation de plantes en pots et pouvoir la composer de manière harmonieuse, la meilleure méthode est de procéder à l'arrangement des couleurs et des formes après la floraison, quand les couleurs et les tailles sont encore visibles. On peut aussi les acheter à ce moment et les choisir en

Des plantes vivaces se plaisent aussi en pots. A l'avant-plan, vous voyez un *Eucomis*, à gauche un *Canna* et derrière des lis.

connaissance de cause. Il est toujours important de leur donner un certain soutien optique grâce au feuillage. Il souligne leur structure et s'il est bien choisi, il s'harmonise à la couleur des plantes.
Les plantes à feuilles persistantes peuvent servir de base décorative comme les bambous ou les graminées. Les plantes vivaces à feuilles caduques peuvent aussi jouer ce rôle.

Agapanthus - agapanthe

Ce lis ornemental est originaire d'Afrique du Sud, où il en existe de nombreuses espèces. Il s'agit d'une des plantes en pots les plus répandues, à côté du *Datura* et de l'oléandre. Pour la culture en pots, l' *A. africans*, l'*A. campanulatus* et surtout l'*A. praecox* conviennent particulièrement bien ainsi que leurs hybrides. Les lis sont des plantes vivaces à feuilles caduques.
Les fleurs bleues ou blanches, grosses et à demi rondes, apparaissent au cours de l'été, au bout de longues hampes.
Floraison: été.
Situation: ensoleillée et à l'abri du vent.
Substrat: riche, sablonneux, argileux, perméable; ne supporte pas de stagnation d'eau.
Arrosage/engrais: pendant la croissance, arroser abondamment et apporter de l'engrais.

Hivernage: supporte de légères gelées, surtout *Agapanthus campanulatus*, du moins si les racines sont bien protégées du vent. Il est préférable de les faire hiverner dans un endroit où ils sont à l'abri du vent. Les *Agapanthus* doivent passer l'hiver au sec.
Maladies: rares.
Particularités: les *Agapanthus* ne doivent en aucun cas hiverner dans un endroit trop chaud, car les fleurs ne se forment qu'en dessous de 15 ° C. Plus les racines sont enchevêtrées, plus les fleurs sont abondantes.
Espèces/variétés: *A. campanulatus, ssp campanulatus,* bleues ou blanches pour la

Les agapanthes sont certainement une des plantes ornementales en pots les plus répandues.

variété 'Alba' avec des grappes de fleurs de 2-3 cm de long, ressemblant à des clochettes. La plus importante de nos jours est la 'Headbourne Hybrids', qui se distingue par une bonne résistance à l'hiver, des fleurs d'une taille plus grande; 'Bressigham blue', bleu foncé, 70 cm; 'Delft', couleur lilas, 100 cm; 'Diana', bleu-violet, seulement 45 cm de haut; 'Luly', violet pâle, 75 cm; 'Rosemary' rose très pâle, jusqu'à 140 cm.

Asclepias - asclépiade

L'asclépiade est originaire d'Amérique tropicale et subtropicale. Ses fleurs sont très originales. On en trouve dans le commerce des variétés aux exigences ou périodes de floraison différentes. A vous de faire votre choix.

Floraison: été.
Situation: ensoleillée.
Substrat: toute bonne terre de jardin, *A. tuberosa* dans de la terre sèche.

Arrosage/engrais: pendant la croissance, arroser modérément et apporter de l'engrais.
Hivernage: varié. Certaines variétés supportent de petites gelées, d'autres comme *Tuberosa*, doivent être placées pour l'hiver dans un endroit à l'abri du gel et très frais.
A. curassavica aime passer l'hiver dans un endroit légèrement plus chaud, à env. 10° C.

Maladies: champignons, mouches blanches.
Espèces/variétés: *A. incarnata* fleurit de juin à septembre avec des tiges qui montent jusqu'à 1,5 m de haut. Ses grappes de fleurs rosées et rouges sentent la vanille. *A. tuberosa* donne des fleurs orange qui apparaissent sur des tiges de parfois 90 cm de haut, de juillet à septembre. Le sol doit être sec.

Canna indica - balisier - roseau indien

Ce roseau indien est généralement peu connu chez nous. Au siècle dernier, on a commencé la culture de milliers de variétés en provenance de différentes variétés de *Canna*, que l'on commence à remettre à la mode ces derniers temps. *C. indica* est originaire des régions les plus chaudes d'Asie, d'Afrique et d'Amérique. Ses exigences correspondent aux origines de cette plante à rhizomes. Si on lui trouve un endroit chaud ensoleillé, il

Un bel exemplaire d'*Asclepias curassavica*, plante tropicale qui s'est bien adaptée chez nous.

fleurit de manière ininterrompue de juin aux gelées.

Les fleurs du *Canna* sont formées d'une couronne colorée et de fleurs ressemblant à des feuilles. La gamme des couleurs va du jaune pâle au rouge en passant par le doré et tous les tons de cuivre.

Floraison: été à automne.

Situation: ensoleillée.

Substrat: argile, humus, perméable.

Arrosage/engrais: arroser abondamment pendant la crois-sance et apport d'engrais 1 fois par semaine.

Hivernage: à l'abri du gel et jusqu'à 8° C., aussi dans l'obscurité et au sec.

Maladies: rares, parfois pourriture des rhizomes, en cas de stagnation d'eau.

Particularités: on peut forcer le *Canna*, pour obtenir une floraison plus précoce. Pour cela, placer les rhizomes dans une terre d'humus bien riche, à 8 cm de profondeur, et dans un endroit chaud. Lorsque les pousses apparaissent, placer la plante à un endroit clair. Ce n'est que lorsque tout danger de gel est écarté qu'on peut placer les plantes à l'extérieur. On peut traiter les plantes comme des dahlias et ne sortir les rhizomes qu'après les saints de glace, mais la floraison n'interviendra dans ce cas que plus tard.

Espèces/variétés: les balisiers que l'on trouve actuellement dans le commerce sont sans exception des hybrides de

C. indica syn. *C x generalis.* Ce sont surtout les espèces à forte croissance qui ont les plus belles fleurs et qui conviennent très bien comme fleurs en pots. *C. x generalis* 'Egandale' a des feuilles de couleur bronze et des fleurs rouge écarlate. *C. x generalis* 'Purpureus' est aussi une espèce à feuilles pourpres avec des fleurs rouges. La variété 'Wyoming' a un feuillage pourpre clair mais des fleurs couleur abricot. Les feuilles comme celles de 'Le Roi' sont couleur cuivre avec des fleurs rouges. 'Confetti' est tachetée jaune-rouge avec un feuillage vert

Très décoratives: les fleurs du *Canna*.

tendre.

D'autres belles sortes sont les 'Felix", 'Ragout' avec un feuil-lage vert et des fleurs jaunes ou 'Feuerzauber', un *Canna* aux feuilles rouges et aux fleurs rouge écarlate.

Hibiscus militaris

Les fleurs les plus étonnantes
de la deuxième moitié de l'été
donnent à l'hibiscus sa forme
buissonnante. Originaire de
l'Extrême-Orient, cette plante
porte aux extrémités des pousses de fleurs géantes dans les
tons roses pâles ou blancs, très
fines avec des styles pendant
vers l'extérieur, ce qui est typique de l'hibiscus et de ses étamines.
Floraison: été.
Situation: chaude, à l'abri du
vent et de la pluie.
Substrat: riche, argileux, à
bonne teneur en silicate.
Arrosage/engrais: arroser
abondamment pendant la
croissance et apport d'engrais
toutes les semaines.
Hivernage: dans l'obscurité et
presque à sec. Les tiges restent
sur la plante jusqu'au moment
où de nouvelles pousses

apparaissent.
Maladies: rares.
Particularités: utiliser un
grand pot.
Espèces/variétés: différents
hybrides dans les tons blancs et
divers tons de rose. Trois sortes
différentes sont disponibles
dans le commerce: des variétés
hautes, moyennes et basses.
Dans les petites formes, il
n'existe qu'une seule sorte de
fleurs, blanches avec un centre
rouge.

Hosta

Ses feuilles sont très décoratives
et peuvent parfois devenir très
grandes. Ce sont des plantes
qui conviennent bien pour endroits ombragés. Bien que certains hostas portent des fleurs
décoratives, ils sont quand
même cultivés en première
ligne pour leur feuillage

**L'hibiscus porte de grandes
fleurs qui ne passent pas
inaperçues (en haut à gauche).**

**Les fleurs parfumées de *l'Hosta
plantaginea* apparaissent en août
(en haut à droite).**

tellement varié. Les feuilles des
hostas existent dans de
nombreux tons de vert. Des
espèces panachées de blanc et
de jaune sont également
disponibles.
Les hostas sont des plantes qui
vivent longtemps, et qui sont
faciles à soigner. Les bonnes
jardineries proposent un choix
énorme, mais pour une culture
en pot, il faut choisir des
espèces à croissance moyenne
ou lente.
Floraison: différente selon les
variétés, s'étalant de juin à
septembre.

Situation: ensoleillée à mi-ombre.

Substrat: riche, humus, humidité, pas d'eau stagnante.

Arrosage/engrais: pendant la croissance, arroser régulièrement et apporter de l'engrais.

Hivernage: résiste bien au froid à l'exception de *H. plantaginea*, qui hiverne mieux dans un endroit sombre et frais.

Maladies: taches sur les feuilles.

Espèces/variétés: de nombreuses variétés de feuilles, structures et couleurs différentes.

H. x tardiana 'Blue Moon', feuilles bleu-vert, fleurs lilas bleues, 20 cm.; 'Hydon Sunset', feuillage jaune, fleurs violet foncé; *H. undulatat var. univittata*, feuilles bleu-vert ondulées avec zone centrale blanche, fleurs violet clair en juillet, 45 cm; *H. fortunei*, feuillage vert ondulé, fleurs rose-violet en juillet, 35 cm, croissance rapide.

H. plantaginea var. *grandiflora*, feuillage vert et grandes fleurs blanches et parfumées apparaissant en août-septembre; ne résiste pas au gel.

Lilium - lis

Les lis sont avec les roses les plus anciennes fleurs cultivées par les hommes. On le retrouve dessiné sur de nombreux objets datant de l'Antiquité. Pendant des siècles, et encore au Moyen-Age, le lis blanc *Lilium candidum* a été le symbole de la pureté et de l'innocence. Chez les Romains, il ornait les pièces de monnaie.

Un autre lis tout aussi superbe, mais complètement différent, est le *lilium regale*, ou lis royal. Il a été découvert au début du siècle dans l'Himalaya où on le trouve sauvage par milliers. Le *L. regale* ne se trouve qu'à cet endroit à l'état sauvage.

La famille des lis comprend environ 90 espèces, qui sont originaires d'Asie et d'Europe et qui ont donné naissance à de nombreux hybrides.

Parmi les plus beaux, il faut citer les hybrides asiatiques et les hybrides d'Orient. Ils viennent du Japon et sont issus de croisements. Les lis trompettes et les hybrides asiatiques sont surtout reconnus pour l'intensité de leurs coloris et leur floraison hâtive, alors que, pour les hybrides orientaux, c'est le parfum exclusif et l'élégance qui prédominent.

Les lis sont des fleurs ornementales très faciles et qui demandent peu de soins.

Les hybrides orientaux ne fleurissent qu'à la fin de l'été.

Floraison: été.

Situation: ensoleillée.

Substrat: de l'humus, bien perméable. Pour *L. candidum,* la terre doit être calcaire, pour tous les hybrides d'Orient légèrement acide.

Arrosage/engrais: pendant la croissance, il faut un arrosage moyen et apporter de l'engrais jusqu'à ce que les feuilles soient jaunies.

Hivernage: *L. candidum* résiste au froid et peut rester dehors avec une bonne couche de copeaux comme protection. Les hybrides d'Orient doivent être placés à l'abri du gel, au frais et au sec, et hiverner dans l'obscurité.

Maladies: pourriture des bulbes, virose du lis, botrytis.

Particularités: *L. candidum* ne doit être déposé qu'à une profondeur de 5 cm dans le sol, contrairement aux autres espèces de lis, qui doivent être enterrés à 15-20 cm de profondeur. Lorsque les pousses apparaissent, les plantes doivent être placées dans un endroit aéré, abrité et clair. Employer des pots profonds.

Espèces/variétés: espèces nombreuses et beaucoup d'hybrides.

Nerina - nérine

On les appelle aussi lis de Guernesey, à cause de l'île de Guernesey, où elles se sont multipliées et sont revenues à l'état sauvage grâce au climat doux.

Cette famille de plantes provient d'Afrique du Sud. La plus connue est la *N. Bowdenii* et la *N. sarniensis,* le lis de Guernesey. Les deux espèces de nérines ont des ombelles fleuries ressemblant à celles des lis, comptant jusqu'à 10 fleurs, avec des étamines ressortant fortement. Les tiges ont environ 50 cm de haut, sont droites et accompagnées de feuilles vert foncé, ressemblant à des épées.

Floraison: fin de l'été jusqu'en automne.

Situation: ensoleillée à ombragée, chaude.

Substrat: humus, riche, frais, perméable.

Les superbes fleurs des nérines.

Arrosage/engrais: pendant la croissance, arroser abondamment et apporter de l'engrais de manière modérée.
Soins: rempoter tous les 4 à 5 ans, d'août à septembre. Laisser les bulbes tranquilles.
Hivernage: il est préférable de leur épargner le gel.
Maladies: pourriture des bulbes en présence d'eau stagnante, botrytis.
Particularités: lorsque le feuillage est tombé, il faut tenir les nérines complètement au sec.
Souvent, ne fleurissent qu'après deux ans. Planter les bulbes de *N. sarniensis* très superficiellement.
Les pointes doivent se trouver au-dessus du niveau du sol.
Espèces/variétés: *N. bowdenii* est une espèce très robuste, avec des fleurs bleu rose à la fin de l'automne. A planter à une profondeur de 10 cm.
Il existe plusieurs hybrides de *N. bowdenii. N. sarniensis.* Il existe aussi des hybrides dans les tons blanc, rose pâle et rose pourpre avec des pétales irisés.

Zantedeschia - calla arum

Il s'agit d'une plante à fleurs très attrayantes qui apparaissent à la fin du printemps. Cette plante à rhizomes peut vivre plusieurs années, a un feuillage vert foncé et des fleurs très caractéristiques de couleur blanche ou rose qui sont en fait des bractées. Les vraies fleurs sont petites et en forme d'épi.

La plante peut atteindre une hauteur de 60 cm et même plus.
Floraison: printemps jusqu'au début de l'été.
Situation: ensoleillée à mi-ombragée.
Substrat: riche et humide.
Arrosage/engrais: pendant la croissance (de décembre à mai), arroser régulièrement et apporter de l'engrais. Après, arroser modérément.
Hivernage: supporte quelques degrés en dessous de zéro; en hiver mettre dans un endroit frais et clair.
Maladies: taches sur les feuilles, pourriture des rhizomes.
Particularités: toutes les parties de la plante produisent

Qui ne connaît les fleurs de l'arum?

un suc toxique, qui provoque des démangeaisons de la peau.
Espèces/variétés: *Z.* 'Crowborough", fleurs blanches; des espèces à fleurs blanches et roses commencent aussi à venir sur le marché. *Z. elliotiana,* fleurs jaune-doré; *Z. rehmanii* aussi connue comme *Richardia,* porte des fleurs blanches et rouges.

Arbrisseaux

Parmi les arbrisseaux qui résistent bien au froid, il en existe certains très décoratifs qui conviennent également pour une culture en pot. Ils peuvent être cultivés, sous certaines conditions, comme plantes de balcon ou de terrasse. Comme ils sont habitués à pousser en liberté et à avoir beaucoup de place, il faut prévoir un grand récipient.

Différents conifères nains et un berbéris (centre).

Tout aussi importants sont les engrais réguliers, l'arrosage continu et la couverture de copeaux broyés pour empêcher le dessèchement des racines. Il faudra prévoir un rempotage après chaque phase de croissance de la plante, tous les deux à trois ans.

Si l'on s'en tient à ces quelques règles et si l'on tient compte des particularités mentionnées dans chaque portrait de plante, il n'y a aucune raison pour que ces arbustes ne deviennent pas des plantes ornementales en pots tout à fait satisfaisantes.

Buddleia - arbre à papillons

Les amoureux des jardins connaissent sans aucun doute cette plante. Ses fleurs garnissent longuement les extrémités des branches et elles attirent les papillons qui se réunissent dessus. Cette attirance que le *Buddleia* exerce sur les papillons existe aussi pour les espèces qui, à cause de leur moindre résistance au froid, sont cultivées en pot.

Le *Buddleia* vient des régions subtropicales. Il existe en de nombreuses variétés, aux caractéristiques très différentes.
Floraison: été.
Situation: ensoleillée.
Substrat: humus, riche, frais et

perméable.

Arrosage/engrais: pendant la croissance, arrosage régulier et engrais.

Soins: recouper presque jusqu'au niveau du sol en automne ou au printemps pour le *B. davidii*.

Hivernage: selon les espèces. Avec une bonne protection, le *B. davidii* peut passer l'hiver dehors, *B. globosa* doit être placé à l'abri du gel, dans un endroit frais, sec, et aéré.

Maladies: rares.

Espèces/variétés: *B. davidii,* 'Harlequin' est une espèce à croissance lente, avec des panicules pourpres, très parfumées et un feuillage blanc crème; *B. globosa* est originaire du Chili et ses fleurs sentent le miel; fleurit dès juin.

Ceanothus-ceanothe

Ses fleurs sont d'un bleu très intense. Il existe des espèces à feuilles caduques ou persistantes. Les plantes à feuilles caduques fleurissent à la fin de l'été et en automne, les espèces à feuilles persistantes au printemps. Le feuillage est petit, ovale et, selon les variétés, bleu-vert ou vert foncé.

Floraison: les espèces à feuilles persistantes fleurissent au printemps et en été; les espèces à feuilles caduques à la fin de l'été et en automne.

Situation: ensoleillée, chaude; pour les espèces à feuilles persistantes, les placer à l'abri du vent.

Substrat: aéré, humus, riche, légèrement acide.

Soins: le *Ceanothus* doit être taillé. Les espèces à floraison précoce et à feuilles persistantes sont taillées après la floraison, au deuxième œil des pousses de l'année. Les espèces à feuilles caduques se taillent au printemps.

Hivernage: dans des régions très tempérées, les *Ceanothus* en pots peuvent rester dehors. Ils ont besoin d'une bonne protection de copeaux broyés et de brindilles.

Les espèces toujours vertes doivent être placées dans un endroit à l'abri du gel, clair et

Panicules de *Buddleia* (en haut à gauche).

Le *Ceanothus* a une floraison abondante (en haut à droite).

bien aéré, idéalement une serre froide. S'ils ont fortement souffert du gel, il faut éliminer le vieux bois.

Maladies: chlorose, cochenilles.

Particularités: ne se laissent pas facilement dépoter.

Espèces/variétés: les espèces à feuilles persistantes deviennent des arbustes assez grands s'ils ont trouvé un bon emplacement. Les espèces à feuilles caduques sont de croissance moins rapide et sont moins sensibles.

Feuilles persistantes Espèces de *Ceanothes*

C. dentatus	bleu intense	petites feuilles
C. griseus	bleu foncé	petites feuilles
C. thyrsiflorus	bleu moyen	pour endroit abrité
C. th. var. *repens*	bleu moyen	plus petit et plus robuste

Hybrides

'Automnal Blue'	bleu ciel	petites ombelles, floraison abondante, feuillage vert
'Burkwood'	bleu moyen	
'Delight'	bleu moyen	grandes ombelles
'Southhead'	bleu lumineux	

Espèces à feuilles caduques, vendues généralement comme hybrides

'Gloire de Versailles'	bleu clair	grandes ombelles
'Marie Simon'	rose saumon	branches rouge-brun
'Pearl Rose'	rose	petites variétés
'Topaze'	bleu ciel foncé	

s'accrocher.

Floraison: avril à octobre.
Situation: ensoleillée à mi-ombragée, les racines devant toujours se trouver à l'ombre.
Substrat: riche, humus, perméable, légèrement calcaire avec un mélange d'argile, de sable et de tourbe.
Arrosage/engrais: arrosage moyen, sans exagération, engrais jusqu'au plus tard fin août, pour donner une bonne solidité au bois.
Soins: coupe. Pour que les clématites deviennent des plantes touffues avec une bonne croissance, il faut absolument les couper. La taille se fait selon les différentes variétés.

Clematis - clématite

Peu de fleurs présentent une variété de couleurs aussi large. La floraison peut être continue d'avril aux gelées.
La seule exigence des clématites, à respecter impérativement, est de mettre le pied dans un endroit ombragé, les tiges devant pouvoir grimper au soleil. Si ce vœu est rempli, la clématite pousse aussi très bien en pots. Elle a besoin d'un humus très aéré, d'une terre légèrement calcaire, qui doit être bien drainée. Le récipient doit être plus profond que large, avec un diamètre minimum de 40 cm. La clématite a besoin ou d'un treillis ou, encore mieux, d'une plante hôte à laquelle elle peut

Hivernage: les clématites supportent le gel, mais comme plantes en pots, elles ont besoin d'une protection hivernale. Bien emballer les racines et les pots dans de l'écorce broyée. Ne pas arroser en hiver. Dégager les tiges de la neige pour éviter qu'elles ne se brisent sous son poids.
Maladies: mildiou, flétrissement de la clématite.
Particularités: planter à au moins 10 cm de profondeur.

La clématite 'Rouge Cardinal" donne des fleurs superbes.

Clématites - taille

Groupe 1 variétés à floraison précoce *C. alpina, C. macropetala*		uniquement éclaircir directement après la floraison
Groupe 2 hybrides à floraison précoce	au début de la saison, à l'exception de quelques gros bourgeons	
Groupe 3 hybrides à floraison tardive	rabattre jusqu'au bois de printemps; immédiatement	

après la plantation, ainsi que les 1ère et 2e années, rabattre toutes les variétés à 80 cm.

Clématites espèces-variétés

Floraison fin avril	*C. alpina* 'Columbine', 'Pamela Jackmann', 'Ruby', C. macropetala 'Markhams Pink'.
Floraison en mai	'Barbara Dibley', 'Bees Jubilee', 'Corona', 'Dawn', 'H.F. Young', 'Miss Bateman'.
Floraison fin mai/juin	'Barbara Jackmann', 'Beauty of Worcester' 'Carnaby', 'Countess of Lovelace', 'Daniel Deronda', 'Elsa Späth', 'Kathleen Wheeler', 'Lasurstern', 'Lincoln Star', 'Marie Boisselot', 'Nelly Moser', 'Niobe', 'Richard Penell', 'The President', 'Vyvyan Pennell'
Floraison juillet et plus tard	'Comtesse de Bouchard', 'Hagley Hybrid', 'Perle d'Azur', 'Jackmanii superba', les hybrides de *Viticella,* 'Abundance', 'Etoile Violette', 'Purpurea Plena Elegans', 'Rubra', 'Mme Julia Correvan'

Espèces/variétés: toutes ne ne s'accommodent pas à la culture en pots. Les espèces à croissance forte, *C. montana* et *C. orientalis,* produisent un liquide. Bien adaptées: *C. alpina* et *C. macropetala*, ainsi que les hybrides à floraison précoce ou tardive et les hybrides de *Viticella* ainsi que *C. tangutica.*

De préférence évitez les récipients en plastique, car risque de stagnation d'eau! Par hiver très froid, protégez du froid ou faites hiverner dans un endroit très frais; racines toujours à l'ombre.

Chine et porte des fleurs
pourpres en janvier et février.
D. odora 'Aureomarginata' a
des feuilles panachées et est un
peu plus robuste que les autres
sortes. Il existe aussi des sortes
à fleurs blanches 'Alba'.

Hedera - lierre

Le lierre est une des plantes
grimpantes les plus répandues.
C'est une plante qui a un passé.
Théophraste, le botaniste grec
renommé, la trouvait spéciale et
ceci plus de 3000 ans avant
Jésus-Christ. Dans la mytholo-
gie aussi, le lierre a joué un rôle
important et il a été souvent
relié à Dionysos le Dieu du vin.
Mais le lierre est le plus chargé
de symbolisme quand on l'offre
pour un mariage. Le lierre a
aussi des vertus thérapeutiques.
Floraison: s'il fleurit, c'est en
hiver.
Situation: mi-ombragée à
ombragée.
Substrat: humus, légèrement
calcaire, perméable.
Arrosage/engrais: maintenir
les racines humides, éviter la
stagnation d'eau, apporter peu
d'engrais.
Soins: peut être taillé à
volonté, de préférence au
printemps.
Hivernage: diffère selon les
sortes. A l'exception de

Daphne - daphné - sainbois

Un parfum merveilleux, une
très bonne résistance au froid,
ce sont les deux caractéristiques
de cette espèce. Il est cultivé
depuis des siècles. Les espèces
les plus attrayantes proviennent
du sud de l'Europe et de
Chine. Elles sont toutes les
deux assez sensibles au gel
mais, bien protégées, elles pas-
seront facilement l'hiver.
Floraison: printemps.
Situation: mi-ombre.
Substrat: argileux, humus,
calcaire.
Arrosage/engrais: arroser
modérément, avec apport
d'engrais, mais ne pas laisser

sécher les racines.
Hivernage: bien protéger les
racines avec des copeaux
d'écorce broyés et envelopper
également le pot.
Maladies: rares.
Particularités: les daphnés ne
veulent pas être dérangés. Ces
plantes sont toxiques.
Espèces/variétés: le *D. laureo-
la* - daphné-laurier est bien
acclimaté dans la région méditerranéenne et ses fleurs rappellent celles du vrai laurier. Ce
qui est remarquable, ce sont les
fleurs de forme tubulaire, d'une
couleur jaune-vert, qui dégagent un parfum très agréable
aux premières soirées du printemps. L'autre variété intéressante est *D. odora*: elle vient de

H. canariensis 'Gloire de Marengo' peut passer l'hiver dehors s'il est bien protégé. Les racines doivent être recouvertes de copeaux broyés et de brindilles. Bien envelopper le pot et éviter le dessèchement dû au gel.

Maladies: aucune.

Particularités: on connaît deux formes particulières de lierre: la forme jeune avec de longs jets et 3-5 feuilles et la forme plus âgée qui apparaît quand la plante a un certain âge et a atteint une certaine hauteur. (lorsqu'il est employé comme couvre-sol, cette transformation n'a pas lieu). La forme de la feuille se modifie pour passer de lobée à ovale plus fermé. La plante ne fait plus que des jets courts, mais fleurit et donne des fruits. Si l'on ne veut pas se passer de cette décoration fruitée, il faut être certain d'avoir des plantes jeunes obtenues par multiplication végétative de la forme ancienne. Le lierre grimpe avec des vrilles-ventouses, qui adhèrent au support. Les racines servent à s'accrocher et n'ont pas cette fonction de ventouse. Le mur n'est donc pas détruit. Les murs montés sans ciment, comme c'est souvent le cas dans les pays chauds, peuvent parfois encourir des dégâts, surtout si l'on arrache les plantes par les vrilles.

Espèces/variétés: il existe de nombreuses espèces de lierre, qui ont des exigences et des formes différentes. Le plus robuste et le plus courant, celui que l'on voit dans les bois, c'est le *hedera helix,* une plante qui résiste très bien à l'hiver et qui après plusieurs années devient un véritable arbre.

Le lierre se laisse facilement tailler et conduire.

Il existe plusieurs sortes de *H. helix*, avec des feuilles aux formes différentes et de multiples tons de vert, parfois panachés de blanc ou de jaune. Voici quelques variétés intéressantes:
'Baltrica', à feuillage vert avec des veines blanches, convient pour des endroits abrupts.
'Buttercup' un lierre au feuillage panaché dont la couleur jaunâtre apparaît au soleil, alors qu'elle reste vert pâle. A l'exception des régions très froides, il peut hiverner dehors. Cultivé en pot, il faut le protéger du froid hivernal.
'Dentata Variegata' est un lierre aux feuilles multicolores. Les feuilles sont vert pâle avec des taches gris-vert et un bord blanc. Une légère protection hivernale est la bienvenue.
'Digitata hesse', lierre aux

Les pivoines en arbre sont certainement une des plus belles plantes que nous connaissons. Ici, les fleurs superbes d'une pivoine.

feuilles vertes avec un feuillage virant au rouge en hiver, très résistant. 'Woerni', la variété la plus résistante en plein air. Les feuilles sont grandes, vert foncé avec des veines claires. En hiver la couleur du feuillage vire au violet.

Paenia suffruticosa - pivoine en arbre

Dans les régions au climat doux, on trouve ces beautés

Espèces de *Hedera helix* (petite sélection)

'Baltica'	petites feuilles vertes avec des nervures blanches	résistant en hiver
'Buttercup'	jaune à jaune-vert en été, vert clair en hiver	climat doux
'Dealbata'	vert foncé	résistant en hiver
'Glacier'	vert-gris, bord blanc crème	résistant en hiver
'Goldherz'	vert avec le milieu des feuilles jaune crème	résistant en hiver
'Mand's Crested'	forme pointue, vert clair, couleur cuivre en automne	résistant en hiver
'Pelargonifolia'	feuilles rondes, vert foncé	résistant en hiver
'Dentata Variegata'	vert clair avec des taches gris-vert	résistant en hiver

asiatiques dans les jardins. Il n'y a pas de raison pour ne pas en cultiver en pots. Les pivoines en arbre sont cultivées depuis plus de 1000 ans dans les jardins chinois où elles sont considérées comme la reine des fleurs avec leurs fleurs géantes, aux pétales soyeux. *Paeonia suffruticosa*, aussi appelée *P. arborea*, une plante arbustive d'été qui lorsqu'elle est bien située

pas d'orientation sud.

Substrat: humus, riche, bien perméable.

Arrosage/engrais: bien arroser pendant la croissance et apport d'engrais toutes les deux semaines.

Soins: ne pas les tailler, ne pas les déranger.

Hivernage: couvrir les racines de copeaux broyés et de brindilles. Pourvoir les pots d'une protection hivernale; il est préférable de les placer dans une pièce fraîche, qui peut être sombre. Eviter le dessèchement dû au gel.

Maladies: aucune.

Particularités: les parties de jets ou de pousses gelées doivent dégeler très lentement.

Espèces/variétés: beaucoup d'hybrides dans toutes les nuances de blanc à rouge foncé, ainsi que jaune.

---

peut atteindre jusqu'à 1,80 m de haut.

Comme pour les pivoines arbustives, le feuillage est aussi très joli. Les feuilles se trouvent sur des tiges puissantes et changent joliment de couleur en automne.

Les fleurs des pivoines ont la forme d'une soucoupe ou d'une coupe, simple, demi-double ou double. Pour beaucoup de variétés, le bord est légèrement ondulé, pour d'autres, généralement les simples, les étamines sont fort marquées. La gamme de couleurs s'étend du blanc au rouge foncé en passant par le rose pâle. Il existe aussi des nouvelles variétés jaunes.

Floraison: printemps.

Situation: ensoleillée à mi-ombragée, à l'abri du vent,

Protégez les pousses et les boutons des gelées tardives et du vent. Attention au drainage. Les racines ne doivent pas se dessécher. Donnez rapidement un tuteur aux plantes, car les fleurs de pivoine sont très lourdes.

Conifères

Celui qui aime les conifères aura l'embarras du choix. Mais attention, sur un balcon ou une terrasse, ils ont vite l'air morne, ce qui est surtout dû à la manière dont ils sont plantés: un conifère nain à côté de l'autre, formant une triste rangée.

La solution: planter des conifères de manière isolée, dans des pots individuels, éventuellement à deux. Comme les conifères se laissent facilement mettre en forme, pourquoi ne pas en profiter? Il est important de bien se faire conseiller lors de l'achat, et de choisir de toute façon des espèces naines, qui ne deviendront jamais plus grandes que 2 m. Chez les conifères, la couleur des aiguilles varie aussi: elle va du vert très frais, en nuances différentes comprenant même du jaune, jusqu'au gris et au bleu. Pour les rendre moins sévères, il faut les mélanger à du lierre, du buis, des palmiers ou d'autres plantes encore. Le faux cyprès (*chamaecyparis)* et le genévrier commun (*Juniperus communis*) conviennent bien car ils restent petits, tout comme les thuyas nains.

Un conifère nain.

Chamaecyparis - cyprès

Situation: partout.
Substrat: riche en humus, plutôt humide que sec, légèrement acide.
Arrosage/engrais: garder les racines humides.
Maladies: araignées rouges, pourriture des racines.
Espèces/variétés: *chamaecyparis lawsoniana*, avec quelques autres espèces.
'Elwoodii' cyprès nain, aiguilles bleues, croissance lente, jusqu'à 2 m; 'Ellwood's Pillar' aiguilles très denses, de couleur gris-bleu, 1,5 m; 'Globus', forme arrondie et fines branches légèrement pendantes jusqu'à 1 m; 'Minima Aurea', forme arrondie, reste très petit avec des aiguilles dorées, atteint 30 cm; 'Minima Glauca', cyprès nain, forme arrondie avec des aiguilles vert foncé.
Les formes *obtusa* arrivent du Japon et préfèrent un emplacement mi-ombragé et un substrat riche en tourbe. *Ch. obtusa* 'Nana Gracilis', le cyprès nain également originaire du Japon, le *C. pisifera* 'Nana', vert clair, en forme de boule, jusqu'à 60 cm; 'Sungold' est un cyprès avec des aiguilles jaune doré, qui se teinte de bronze en hiver.

Juniperus communis - genévrier

Le genévrier commun connaît aussi quelques variétés qui conviennent comme plantes ornementales en pots.
Situation: partout.
Substrat: tous, pas trop humide.
Arrosage/engrais: arrosage réduit, ne pas laisser dessécher les racines. Apport ponctuel d'engrais pour conifères.
Espèces/variétés: pour une culture en grand récipient, il vaut mieux choisir les espèces dressées. *Juniperus communis* 'Compressa', genévrier nain, atteint une hauteur de 1 m.

Thuja - thuya

La famille des thuyas est très complexe; quelques espèces peuvent convenir comme plantes en pots.
Situation: ensoleillée à mi-ombragée.
Substrat: frais, argile/sable, légèrement humide.
Arrosage/engrais: ne pas laisser dessécher les racines; de l'engrais pour conifères ponctuellement.
Espèces/variétés: *Thuya occidentalis* 'Golden Globe', 'Goldkugelthuja', à croissance forte et de forme arrondie avec des aiguilles dorées qui brunissent en hiver.

Tout sur les soins des plantes en pots

Les pots et les vasques

Les balcons et les terrasses occupent de nos jours une place de plus en plus importante à cause de notre mode de vie et de l'espace de plus en plus restreint dont nous disposons dans les villes. Chacun aime de temps en temps se retrouver dans un environnement 'vert', surtout lorsque le temps est au beau fixe. Il faut aussi que les plantes soient mises en valeur par des récipients adéquats et des accessoires qui rendent le balcon plus gai et lui donnent un aspect soigné et accueillant. Les récipients, les conteneurs, sont bien sûr un des facteurs déterminants qui permettent de rendre l'ensemble esthétique. Le choix du matériau, de la forme et de la couleur, donnera un certain style à votre jardin personnel.

Les façades rustiques gagnent à être décorées de récipients en bois ou en terre cuite: les pots en céramique, rappel de l'Orient, ne s'harmoniseraient pas au style de la maison. Ils sont plus adaptés aux balcons des maisons de grandes villes et à une architecture moderne. La terrasse de style méditerranéen se pare volontiers de grandes vasques en terre cuite, le plus souvent moulées à la main ou plus simplement réalisées à la machine. La terre cuite est le matériau par excellence pour combler les besoins de ces plantes. Car à côté de l'aspect purement esthétique, il ne faut pas oublier l'aspect pratique. A un emplacement tourmenté continuellement par les courants d'air, ou sur le côté venteux de la maison, les récipients doivent être très stables. Les belles vasques en céramiques, faites à la main, peuvent représenter à la longue un certain budget si des intempéries et des vents violents les renversent. Il vaut mieux leur préférer des bacs en bois ou en métal. Les pots en terre sont les grands classiques. Déjà la matière est esthétique, peu importe qu'elle ait été moulée à la main ou à la machine. Leurs avantages tiennent plus au matériau lui-même. L'eau s'évapore vite, évitant ainsi le danger de stagnation, fatal à tant d'espèces; les plantes se dessèchent évidemment plus vite. La température des racines est plus égale. Un des gros désavantages des pots en terre cuite, c'est leur poids. Il faut en tenir compte si on est amené à changer souvent les plantes de place. Ces pots ne résistent au gel que lorsque la motte est absolument sèche, sinon ils se brisent. Si malgré tout on veut choisir ce genre de pot, il vaut mieux en prendre des carrés ou de forme conique. Un peu moins sensibles, mais d'une bonne qualité, également assez chers, ce sont les bacs en bois. C'est idéal pour les grandes plantes et, s'ils sont bien entretenus, ils se conservent longtemps.

Les pots de Versailles, que l'on a trouvés pendant longtemps uniquement dans des magasins

spécialisés, semblent revenir à la mode. Ce sont des bacs en bois, spécialement étudiés pour contenir les plantes des anciennes orangeries. Ils n'ont pas seulement de belles formes, mais sont pourvus de pieds, ce qui permet au fond du récipient de rester sec. Ils sont de forme carrée, recouverts de bois sur les 4 parois et décorés d'une boule à chaque extrémité. Ils sont souvent peints en

blanc, à l'opposé des bacs ronds réalisés en cuivre et qui sont imprégnés d'un vernis en guise de finition. Les bacs de Versailles sont actuellement aussi réalisés en plastique et même en métal.

Les pots en céramique vitrifiée, dont on trouve un grand choix, ne conviennent pas très bien pour les plantes ornementales. Le manque de trous de drainage et la vitrification, qui ne per-

met pas l'évaporation, donnent rapidement des 'pieds mouillés' aux plantes, ce qui fait pourrir les racines. On peut cependant les employer comme cache-pots en faisant bien attention, lors de l'arrosage, que les plantes ne baignent pas dans l'eau.

Les répliques de pots antiques, qui décorent souvent les jardins des villas italiennes, trouvent de plus en plus d'adeptes. Ce sont maintenant des productions industrielles, plus ou moins réussies, réalisées en ciment ou en pierre artificielle.

Les récipients en matière synthétique sont certainement les moins chers et sont maintenant disponibles en de nombreux coloris. On les trouve dans toutes les formes et dans toutes les tailles. Ils ont l'avantage d'être légers à transporter et de conserver plus longtemps l'humidité.

Un avantage qui peut d'ailleurs se transformer en inconvénient, lorsque l'arrosage est trop abondant ou trop rapide, car cela provoque une stagnation d'eau.

On trouve très facilement dans le commerce ces récipients en terre cuite de différentes formes.

Un autre inconvénient important est la mauvaise résistance à la chaleur (surtout pour les pots noirs) et une durée de vie assez limitée. Pour les gens qui partent souvent, il existe des bacs à réserve d'eau. Différents systèmes sont disponibles, dans des formes multiples pourvues d'un système permettant un arrosage régulier.

La bonne terre

Au moins aussi important que l'emplacement : le choix de la terre. Elle a plusieurs fonctions. Elle sert de nourriture et de réservoir à eau, doit maintenir la plante dans la bonne position, et emmagasiner suffisamment d'oxygène pour les racines de la plante.
La terre pour plantes ornementales doit absolument être aseptisée. Un élément important à respecter est le taux de pH du sol, c'est-à-dire le degré d'acidité de la terre: une grande majorité de plantes, surtout les plantes orientales, réagissent de manière très violente lorsque le taux d'acidité ne leur convient pas.
On trouve dans le commerce différents substrats, appelés terre prête à l'emploi. Ils sont réalisés soit à base de tourbe, ou même parfois de tourbe pure mais souvent ils sont un mélange de tourbe blanche et de tourbe noire. Elle a un poids volumique très bas, ne comporte qu'une faible proportion de matières nutritives et une fois

sèche, a du mal à se réhumidifier. De plus les racines se recouvrent rapidement de sel. Elles ne sont pas particulièrement conseillées pour les plantes cultivées en pots.
L'idéal pour les plantes ornementales en pots, c'est de la terre homogène, comprenant un peu d'argile qui permet de maintenir l'eau et qui lui donne un certain poids.
Il faut se méfier de la terre bon

marché proposée dans les grandes surfaces. Souvent la partie nutritive est vite épuisée

Pour obtenir une floraison aussi abondante d'un laurier-cerise, il faut de bons soins, suffisamment d'eau et un engrais de qualité.

et ne peut être compensée que par un apport d'engrais régulier.
Si on a la possibilité de composer soi-même sa terre, c'est toujours mieux, surtout si elle est constituée de terre de jardin et de compost avec de l'humus d'écorce ou de tourbe. La terre de jardin est une bonne alternative car elle est très stable, c'est-à-dire qu'elle ne se défait pas aussi vite que du compost, et les matières nutritives y séjournent plus longtemps. Cette terre convient particulièrement pour la plantation d'arbustes et de plantes qui vivent longtemps de leurs réserves. Pour éventuellement alléger de la terre de jardin trop lourde, on peut ajouter du sable ou de la perlite. Elle assure un bon drainage du sol. Naturellement, cette terre contient des éléments nutritifs en quantité suffisante, et aussi du calcaire. Pour les plantes qui réagissent fortement à la présence de calcaire, il faut employer de la tourbe pure. Le pH de la terre peut être mesuré de manière très simple.
Une acidité du sol moyenne se situe entre 6 et 7.

Terres spéciales

Ce sont en fait des substrats réalisés spécialement pour certains types de plantes. La teneur en calcaire de ces terres est déterminée de manière très précise et correspondant aux besoins exacts des plantes.

Arrosage

L'arrosage régulier des plantes est vital pour leur conservation. Les plantes ornementales en pots en dépendent complètement, au contraire des plantes de pleine terre qui tirent l'eau de la terre ou la reçoivent par la pluie. Malheureusement il n'existe pas encore de schéma exact pour déterminer la fréquence et la quantité d'eau à donner. Des plantes jeunes ou des plantes qui sortent d'hivernage ont en général besoin de moins d'eau que les plantes adultes en plein été. L'arrosage doit être individuel et se faire à la main, ce qui demande pas mal de temps mais qui reste néanmoins la seule méthode fiable. Il faut cependant éviter le dessèchement complet des racines, ce qui est aussi néfaste que la stagnation d'eau. L'arrosage doit se faire tôt le matin ou bien le soir. S'il n'est pas possible d'arroser la plante à un moment où il n'y a pas de soleil, il faut être très attentif pour éviter de brûler les feuilles.

Terre spéciale pour plantes en pots

Terre homogène	Contient souvent de l'argile et un engrais lent. Cette sorte de terre universelle est souvent pourvue d'un numéro qui a à voir avec la composition et qui indique pour quelles plantes elle est destinée.
Terreau	Se trouve en qualités très différentes et est destiné à des plantes spéciales.
Tourbe	Se compose de tourbe blanche et, à cause de sa faible quantité d'argile, a une mauvaise structure. Elle s'assèche vite et emmagasine peu d'eau. Existe avec différents dosages d'engrais.
Terre spéciale	Terre composée, pour plantes déterminées.

Les granulés d'argile servent de réservoirs d'eau.

Les racines doivent être bien imbibées d'eau par l'arrosage; si nécessaire recommencer l'arrosage plusieurs fois, si le sol a été particulièrement asséché. La température plus ou moins chaude influence aussi les besoins en eau des plantes. La quantité d'eau nécessaire augmente en été ou dans des endroits très venteux. Selon la température, pour certaines plantes, l'arrosage doit être diminué et parfois même complètement arrêté en automne et en hiver.

Qualité de l'eau

Pour la majorité des plantes ornementales, l'eau du robinet est suffisante. Mais cette dernière peut avoir des natures fort différentes et, dès lors, avoir des qualités tout à fait différentes d'une région à l'autre. La dureté de l'eau peut être plus ou moins forte et les chiffres élevés indiquent un taux de calcaire un peu plus élevé. La dureté moyenne de l'eau est de 10, mais il arrive que certaines eaux atteignent un chiffre de 17. Les plantes de la région méditerranéenne qui aiment le calcaire peuvent être arrosées avec de l'eau du robinet. Cela ne posera aucun problème. Les plantes qui poussent dans un sol acide préfèrent être arrosées avec de l'eau de pluie. On peut employer de l'eau qui a reposé; pour cela remplir une cruche le soir et ne l'employer que le matin.

Engrais

Même si vous employez uniquement les meilleurs terraux, un bon engrais est nécessaire pendant les mois de floraison. Lorsqu'on utilise des terres prêtes à l'emploi, les engrais sont

vite épuisés. Et une petite partie part avec l'eau.
Pour croître, former des fleurs et pour rester en forme, les plantes ont besoin d'un certain nombre d'éléments chimiques. Certains - comme le calcium, le fer et le magnésium, ne sont

Différents engrais en granulés.

74

nécessaires qu'en petites quantités. Le bore, le manganèse, le zinc, le cuivre et le molybdène sont aussi des oligo-éléments. Les substances essentielles sont nécessaires en certaines quantités: l'azote(N), le phosphore(P), ou le potassium(K). Ces substances doivent être équilibrées entre elles pour pouvoir être transformées de manière correcte par les plantes. C'est le cas du magnésium, important pour la formation des feuilles et qui ne peut être assimilé par les plantes si l'eau de distribution est trop calcaire. La conséquence: feuilles jaunies. Des espèces à feuilles persistantes comme les *citrus* ou les gardénias, réagissent particulièrement vite.

Les éléments nutritifs principaux, l'azote, le phosphore et le potassium, servent à certaines fonctions vitales. L'azote est nécessaire à la formation et à la croissance des feuilles, le phosphore permet une floraison abondante et favorise l'apparition des semences et le potassium renforce les fibres, influence la couleur et le parfum.

Les engrais minéraux sont des engrais réalisés de manière synthétique, sans substances organiques et aussi souvent sans oligo-éléments. Ce sont des sels nutritifs, qui sont rapidement absorbés par les plantes, mais qui, s'ils sont ajoutés de manière inconsidérée, peuvent provoquer des brûlures

des racines.
De plus ces engrais sont vite lavés avec l'eau.
Les engrais vendus dans le commerce sont de deux types: engrais de base à effet rapide et engrais d'entretien dont l'effet est de longue durée. Les engrais de base sont surtout employés pour les plantes à croissance rapide. Ils sont vendus sous forme liquide, ou en granulés ou bâtonnets.
Les engrais à effet prolongé agissent pendant des mois, car leurs substances ne sont absorbées que lentement par les plantes. De manière idéale, les engrais, sont un mélange de substances organiques et minérales. Pour ces engrais, les substances nutritives sont liées à des substances organiques. Un grand nombre d'engrais spéciaux appartiennent à ce groupe et sont destinés aux besoins particuliers de certaines plantes. Les indications spéciales sont indiquées sur les paquets.
Les meilleurs engrais organiques sont aussi parfois des copeaux d'écorce, du guano ou du sang séché et si l'on possède un jardin, on peut utiliser du compost à base de déchets décomposés.
Un très bon engrais azoté est le sang séché, alors que la poudre d'os apporte une bonne dose de phosphore et de potassium. Tous ces engrais organiques ne sont efficaces que si on emploie de la terre de jardin, de la terre provenant d'un sol vivant en bonne santé.

Hivernage

Il n'est pas si facile de faire passer l'hiver aux plantes en pots dans nos régions. De nombreux facteurs vont déterminer si une plante va survivre et passer l'hiver ou pas. Le climat et les intempéries influencent fortement l'hivernage des espèces. L'emplacement, l'ensoleillement, une certaine pratique des plantes et la qualité intrinsèque de la plante sont tous des éléments dont il faut tenir compte.
Nous ne pouvons pas changer le climat. Pour l'emplacement, heureusement, il en va autrement.

1. Ne mettez jamais de l'engrais sur une motte sèche.
2. Tenez-vous-en aux doses indiquées.
3. Donnez de l'engrais avec prudence aux plantes jeunes et pas pendant les 4 premières semaines.
4. N'utilisez de l'engrais qu'à partir du commencement de la floraison.
5. Donnez de l'engrais jusqu'en automne.
6. Chez les engrais lents, faites attention à la durée.
7. Les plantes en pots avec une petite motte ont souvent besoin de beaucoup d'engrais.

On peut adapter l'emplacement à la plante ou encore mieux on choisit la plante d'après l'emplacement que l'on veut garnir. Pourquoi choisir des 'plantes du soleil' lorsque le balcon est tout à fait à l'ombre? Si une plante doit se battre continuellement pour assurer sa survie, elle sera sujette aux maladies, et n'aura pas la possibilité de grandir et de s'adapter à son nouvel emplacement d'hivernage. Les plantes saines résistent aux caprices du climat. Les dégâts dus au gel peuvent se manifester à différents degrés. Les parties les plus sensibles sont les racines, c'est d'ailleurs cette partie-là qui détermine le taux de résistance des plantes au gel. Si le feuillage, le premier atteint, ensuite les jeunes pousses et bien sûr les bourgeons et finalement les tiges, sont touchés par le gel, mais que les racines sont restées intactes, alors la plante est encore en vie. La nouvelle verdure pousse à partir des racines. La résistance au gel des plantes dépend aussi de la manière dont on les traite. Si au moindre courant d'air elles sont rentrées immédiatement à l'abri dans une des pièces, elles deviendront moins robustes que des plantes qui ont dû supporter des sautes d'humeur du climat. Le mieux est de les habituer progressivement à des températures plus fraîches, lorsque les jours raccourcissent, de cette manière leur résistance va augmenter graduellement même aux conditions hivernales. De brusques changements de température provoquent un choc dans le métabolisme des plantes, ce qui diminue la résistance ultérieure au gel. Ce sont surtout les jeunes plantes qui sortent de pépinière, ou qui ont passé l'hiver dans des conteneurs eux-mêmes placés dans des serres aux températures idéales et régulières qui sont le plus marquées par le froid. Un autre point délicat lors de l'hivernage, et qui souvent est quasiment oublié, c'est la lumière.

Les jardiniers amateurs qui disposent d'une serre ou d'un jardin d'hiver n'auront pas de problème. Mais s'il faut placer ses plantes préférées dans la cave, le garage ou la chambre à coucher, la luminosité doit convenir. Une cave fraîche et sombre peut se révéler un endroit idéal pour certaines espèces, surtout pour les plantes dont la période de repos se situe en hiver. Par contre, les plantes à feuilles persistantes ont besoin de lumière et de températures également assez fraîches. Si on n'a pas la possibilité de placer ces plantes dans un endroit frais, il faut aussi augmenter la clarté et la température de la pièce, sans oublier l'aération de l'endroit d'hivernage. Peu importe où elles passent l'hiver, elles ont besoin d'un apport important d'air frais, sinon une grande quantité de substances nuisibles et de champignons viennent s'y loger.

Lorsque les plantes passent l'hiver dans la cave, on peut poser des pots l'un dans l'autre et remplir l'espace entre les deux avec de la terre ou des feuilles.

Hivernage à l'extérieur

Le gros problème que pose l'hivernage extérieur est que les plantes dont les racines sont gelées n'arrivent plus à avoir suffisamment d'eau et que leurs feuilles et leurs branches se flétrissent par manque d'eau. Si cette situation dure un certain temps, ce qui est généralement le cas pour les hivers d'Europe où le gel dure longtemps, les plantes se dessèchent. Ce sont surtout les plantes à feuilles persistantes qui sont le plus gravement touchées. Même si elles sont arrosées dès le premier jour sans gel, le résultat escompté n'est pas obtenu, pour la bonne raison que des racines gelées mettent un certain temps à dégeler et que, par ailleurs, une journée claire et lumineuse en hiver est souvent suivie de gelée nocturne, ce qui réduit tous les efforts à zéro. La situation est un peu moins difficile pour les amateurs de plantes qui possèdent un jardin. Il leur est possible d'enterrer leurs plantes à un endroit adapté, où la terre environnante va leur permettre de passer l'hiver de manière moins difficile. C'est ce que les spécialistes appellent replanter dehors. Pour cela, il suffit de creuser un trou suffisamment profond, d'y placer le pot, qui doit être enterré jusqu'au bord, et on place le tout dans le trou. Une bonne couverture de compost, de copeaux, de brindilles est facile à trouver dans un jardin. Selon la sorte

de plante, éventuellement recouvrir les parties qui dépassent d'une protection supplémentaire.

La majorité des plantes indigènes peuvent de cette manière passer l'hiver sans aucun problème. Il en va de même pour quelques plantes du Moyen Orient, comme les azalées à feuilles caduques ou les hortensias.

Dans les régions méditerranéennes et les régions de vignoble, on peut appliquer cette méthode plus largement. Il y fait souvent plus chaud qu'ailleurs. Des arbustes, comme les lauriers, les myrtes, les cistroses et toutes les

Une cage d'escalier bien fraîche et lumineuse se révèle un endroit idéal pour y placer les plantes.

variétés de *Citrus* doivent absolument être protégés du gel.

Matériel

<u>Plaques styropores</u>: pour entourer les pots et bien couvrir les racines (le froid vient d'en haut).

<u>Billes de styropore</u>: peuvent être utilisées pour remplir l'espace entre deux pots mis l'un dans l'autre.

<u>Feuilles d'aération perforées</u>: pour protéger les récipients et les racines, pas les parties de plantes qui dépassent du sol.

<u>Nattes de jonc</u>: servent à lier des plantes à feuilles caduques. Ne conviennent pas pour des plantes à feuilles persistantes, car la quantité de lumière qui passe est trop limitée.

<u>Papier mâché</u>: certains petits pots peuvent être réalisés en papier mâché, les interstices sont remplis de matériel isolant (styropore, laine de verre, déchets de liège). Pour que le papier ne se mouille pas, il faut l'entourer d'une feuille de plastique résistant au gel ou bien le poser sur un piédestal.

<u>Liens</u>: beaucoup de plantes ont besoin d'être protégées contre les bris dus au poids de la neige sur les branches. Avant de les placer à l'endroit où elles vont hiverner, qui devrait être pourvu d'un toit, il faut attacher les tiges avec un lien.

De cette manière, vous offrez à vos plantes une bonne protection pour l'hiver et, en plus, cela a comme avantage que vos plantes prendront moins de place.

Hiverner à l'intérieur de la maison

Toutes les plantes originaires des régions du sud et celles d'Asie résistent plus ou moins bien au gel, perdent leurs fleur en hiver. Ce qui reste, ce sont quelques arbustes ou arbrisseaux indigènes à feuilles caduques et très peu de plantes à feuilles persistantes.

Pour les amateurs qui ne veulent cependant pas renonce aux plantes des pays chauds ou qui n'ont pas le temps ou la possibilité de les préparer à

N'oubliez pas le tuteur lorsque vous rempotez!

passer l'hiver dans de bonnes conditions, il ne reste qu'une solution: leur faire passer l'hiver à l'intérieur.

Une cave à vin avec un degré d'humidité élevé est un bon endroit. Une cave fraîche convient parfaitement à beaucoup de plantes de la région méditerranéenne et aussi à quelques plantes à feuilles caduques. Un endroit qui convient aussi parfaitement parce qu'en général il est frais et clair, c'est la cage d'escalier. C'est l'endroit idéal pour toutes les plantes à feuilles persistantes et, pour autant qu'il n'y fasse pas trop chaud, les plantes d'Asie de l'Est conservent même leurs fleurs, ainsi que les camélias et les *Sarcococca*.

Un autre endroit bienvenu est la buanderie à condition qu'il n'y gèle pas. Dans les maisons particulières, on peut aussi placer les plantes dans l'endroit le plus clair des chaufferies ou dans le garage si rien d'autre ne fait l'affaire. Si le garage n'est pas à l'abri du gel, il peut quand même convenir pour abriter des plantes qui supportent quelques degrés sous zéro, en premier lieu les plantes de nos contrées.

Et en tout dernier lieu, il reste la maison, soit dans la chambre d'amis, soit dans la chambre à coucher. Les plantes supportent généralement sans trop de difficulté ce séjour à l'intérieur. Si elles ont trop chaud, les mouches blanches et les autres vermines des plantes d'apparte-ment vont arriver en masse. Pour les heureux possesseurs d'un jardin d'hiver, l'hivernage des plantes ornementales en pots ne pose problème que s'ils doivent réaménager le jardin, ou simplement le maintenir à l'abri du gel, préserver une température assez élevée ou en faire une serre chaude. Un jardin d'hiver qui se trouve simplement au-dessus de la température de gel est un endroit idéal pour faire hiverner les plantes ornementales en pots. Si on ne peut exclure une température en dessous de zéro, les plantes ont besoin d'une protection hivernale supplémentaire même pour les parties qui restent au-dessus du niveau du sol. C'est surtout le cas pour les serres et jardins d'hiver dont les fondations ne sont pas assez isolantes.

Ayez sous la main tout le matériel nécessaire pour réaliser la protection hivernale (plaques styropores, billes de styropore, feuilles d'aération perforées, nattes de jonc, papier mâché, liens). Nettoyez soigneusement les plantes une dernière fois avant de les emballer. Regardez si elles n'ont pas de maladies et soignez-les si c'est le cas. Arrosez les plantes avant de les placer pour l'hiver, sauf les plantes qui doivent hiverner à sec, et pas moins de 4 semaines avant les premières gelées. Maintenez les plantes aussi longtemps que possible dans la pleine terre - il faut les rendre résistantes! Nettoyez les plantes avant de les rentrer et de les tail-ler. Recherchez les mala-dies et traitez-les immédia-tement. Ventilez-bien l'emplacement d'hiverna-ge, pour éviter l'apparition de moisissures.

Arrosez chaque plante selon ses exigences. Plus l'emplacement est sombre, plus il doit être frais. Plus l'emplacement est clair, plus il doit être chaud. Pour les plantes tropicales, en provenance des régions méditerranéennes et certaines plantes d'Asie de l'est, l'emplacement doit être à l'abri du gel.

Planter et rempoter

Le travail n'est pas fini lorsque l'on a acheté de belles plantes et qu'on les a plantées dans de jolies vasques. Pour qu'elles soient belles sur la terrasse pendant tout l'été, il faut organiser une planification. Cela commence par le choix et la taille de l'emplacement ainsi que la gestion du budget. A quoi bon avoir de jolies plantes si la place pour les mettre en valeur manque ou si elles sont trop serrées les unes contre les autres? Elles ne pourront jamais déployer toute leur beauté.

Planification

Les longs mois d'hiver sont la période la plus propice pour étudier à fond les catalogues de plantes et pour dénicher les plantes rares qui feront merveille chez vous. Réfléchissez bien à l'endroit que vous leur destinez pour ne pas connaître de désillusion par la suite. Si vous voulez donner une note particulière à votre terrasse, il faut que les plantes s'harmonisent entre elles.
Les plantes ornementales en pots peuvent atteindre des dimensions considérables et inattendues et il ne faut pas oublier de vous réserver un petit coin d'où les admirer. Des récipients carrés font facilement gagner de la place. N'oubliez pas le transport des plantes et de leurs accessoires, surtout si vous habitez à une certaine hauteur et qu'il n'y a pas d'ascenseur. Ne commandez pas de plantes qui demandent des soins intensifs et méticuleux si vous partez souvent en voyages d'affaires ou d'agrément. Et last but not least: n'oubliez pas les petits enfants et les animaux domestiques: les plantes toxiques ou pouvant occasionner des blessures doivent être exclues.
Si possible achetez vos plantes dans une jardinerie spécialisée et vérifiez bien qu'elles sont saines. Les indications concernant les soins doivent être lues attentivement. Procurez-vous des récipients pour les jeunes plantes et n'oubliez pas que les plantes ornementales deviennent très grandes et que transplanter un *Datura* en pleine floraison n'est pas une mince affaire.

La marguerite sur tige reçoit un nouveau pot.

Pour les hautes tiges, il faut choisir des vasques bien stables pour éviter qu'elles ne cassent au moindre choc.

Si vous n'êtes pas équipé, achetez tout le matériel qui vous manque: tuteurs, arrosoir, ciseaux, sécateur, fil à lier, feuille en plastique pour travailler dessus. Sans oublier les engrais!

Préparation de la plante

Avant de passer à la plantation proprement dite, il y a quelques règles préliminaires à respecter. Les nouveaux récipients en terre cuite doivent être trempés dans l'eau pendant quelques jours. Placez-les pendant 12 heures dans la baignoire. Si on utilise des pots ayant déjà servi, il faut les nettoyer à fond avec de l'eau chaude: sinon on donne le champ libre aux maladies. Si l'on s'est décidé pour une plante grimpante, il faut déjà installer le support. Qu'il s'agisse d'un treillis qui doit être fixé à un mur ou attaché à un récipient solide, tout cela doit se faire avant la plantation. Pour obtenir une plante grimpante bien touffue, il faut nécessairement utiliser un récipient très grand. Les hautes-tiges ont besoin d'un solide tuteur ou d'un bâton. Les tuteurs en métal existent en plusieurs modèles. On les fixe solidement dans le pot avant d'y mettre la plante. Ceci vaut aussi pour les accessoires servant à donner une certaine forme à une plante.

Un tuteur original pour plante grimpante

Quand planter

Pour les plantes ornementales en pot, la meilleure période est certainement le printemps. Ce qui correspond au moment où le choix de plantes disponibles en magasin est le plus grand et vous aurez eu le temps de fixer votre choix.

Selon l'espèce choisie, on peut déjà commencer la plantation en mars, à moins qu'il ne s'a-

gisse de plantes très sensibles pour lesquelles il vaut mieux attendre les premiers beaux jours après les saints de glace. Toutes les espèces qui supportent le gel peuvent être plantées dès le début de la saison. Pour les arbustes tropicaux ou subtropicaux, pour lesquels les jeunes pousses craignent le gel (pour les plantes vivaces notamment), il faut attendre que les dernières gelées soient passées.

Comment planter

Disposez tous les accessoires nécessaires à portée de main: tuteurs, ciseaux, arrosoir, liens, ficelle, feuille de plastique pour travailler dessus, de l'engrais, le récipient et ... la plante en question.

Les récipients de bonne qualité possèdent un ou plusieurs trous d'évacuation d'eau. Pour éviter qu'ils ne soient bouchés par le substrat, il suffit de déposer quelques éclats de pots brisés sur ceux-ci.

Le fond du récipient est ensuite recouvert d'une couche de gravier épais, puis d'une couche de sable. On peut aussi employer des granulés d'argile ou tout autre matériau qui permet le drainage. La couche doit avoir une épaisseur de 10 cm. Pour éviter que la couche de drainage ne soit salie, il faut la recouvrir d'un tissu.

D'après la taille des racines, on remplit ensuite le pot avec une partie du substrat et, si nécessaire, on ajoute un engrais de longue durée.

En fonction de la grosseur de la motte, on remplit le pot de terre, à laquelle on n'a pas encore ajouté d'engrais. Posez ensuite le pot à l'endroit définitif.

Ensuite, on dépose la plante dedans. On remplit avec le substrat et on appuie bien pour qu'il ne reste pas de trous. Il faut garder un bord d'arrosage assez grand. La plante est fixée au tuteur et bien arrosée.

Rempoter

Même si l'engrais est excellent, les substances nutritives contenues dans un pot sont vite épuisées et la motte n'est plus qu'un écheveau de racines. La plante a alors besoin d'être transplantée.

Si la plante est à croissance rapide comme c'est le cas pour le laurier-cerise, il faut parfois le faire tous les ans. Rempoter n'est nécessaire que lorsque la terre forme une croûte et qu'elle n'absorbe plus ni eau ni nourriture, ou que la plante montre clairement que le récipient est trop petit.

Ce qui a été dit pour la plantation vaut aussi pour le rempotage. Le nouveau récipient doit correspondre à la taille de la plante mais ne doit en aucun cas être trop grand, car les plantes n'aiment pas être dans un pot trop grand. Pour les déplacer, placez des roues ou un système qui permet de tirer le pot est déjà une idée efficace. La meilleure période pour rempoter est le printemps, lorsque

la plante demande de nouvelles substances nutritives. Ne transplantez pas les plantes sensibles tant qu'il y a un risque de gel: l'apport d'engrais les fait pousser et active la formation de jets qui les rendent particulièrement sensibles au gel.

Pour pouvoir déplacer plus facilement de grandes plantes, on peut les lier avec une ficelle. Si la plante doit être recoupée à la sortie de l'hiver, cela ne pose aucun problème. Ceci n'est valable que pour les plantes qui supportent bien l'hiver. Elles sont détachées de l'ancien pot et retournées. L'ancienne terre est retournée et si les anciennes racines sont emmêlées, le bord extérieur est éliminé au couteau. La plante est ensuite déposée dans le récipient préparé (ne pas oublier la couche de drainage). Le tuteur est bien fixé et le nouveau substrat est ajouté peu à peu. Après avoir légèrement appuyé sur la terre, la plante est bien arrosée.

Autant que possible, on place le pot à un endroit abrité du vent pour aider la plante à redémarrer sa croissance et surmonter la transplantation.

Placement d'une grande plante.

Faites une planification précise et tenez-vous-y dans tous les cas. N'achetez que des plantes en bonne santé. Faites bien atention aux instructions en ce qui concerne les soins. Achetez de beaux pots. N'oubliez pas le drainage. Pensez aux tuteurs pour les plantes grimpantes.

fleurs et plantes
de terrasse
et de balcon

K. Jacobi

Les quatre saisons du balcon

Les balcons, terrasses et jardins sur les toits obéissent aux mêmes règles saisonnières que les jardins. Bien sûr, sur les balcons, ce sont surtout les fleurs d'été dans des jardinières étroites que l'on apprécie. Mais déjà en automne, on peut sélectionner les bulbes de crocus, narcisses, jacinthes, perce-neige et autres pour préparer la floraison merveilleuse du printemps. Les plantes à bulbes peuvent également s'acheter dès mars-avril, en pots prêts à fleurir, ce qui est évidemment plus rapide et plus facile.

Les fleurs de printemps, ce sont aussi - souvent durant tout l'hiver - les pensées dont il existe des variétés très jolies auxquelles il est possible de rajouter en mars des pâquerettes et des myosotis ainsi que toute une série de primevères superbes. Ce sont cependant les plantes à bulbe qui tiennent le rôle principal, avec les pensées. Grâce à elles, les premières fleurs de balcon éclosent dès février. A partir de fin avril-début mai, c'est la saison d'été qui commence avec les plantes de balcon traditionnelles, les géraniums, les fuchsias et les pétunias, mais aussi avec une quantité de fleurs annuelles dont il existe tant de sortes, de tailles et de variétés qu'il est possible de remplir les jardinières en changeant de plantes à chaque saison. Si on recherche des plantes un peu plus particulières, on peut avec l'aide d'un spécialiste, créer au milieu de ses plantes de balcon une oasis de parfums avec des plantes odorantes. L'automne propose encore quelques belles fleurs avec des petites chrysanthèmes et des bruyères en pot, que l'on achète en pleine floraison et qui fleuriront jusqu'aux premières gelées. Particulièrement bien inspirés sont les jardiniers de balcon qui aménagent dans les bacs à plantes un vrai petit jardin à l'aide de copeaux ou d'écorces; ils peuvent y ajouter des bruyères d'hiver, qui commencent à fleurir en octobre et dont la floraison ne se termine qu'en mars.

Tous ces conseils sont également valables pour la plantation dans les vasques, jardinières, bacs et paniers suspendus. Au rythme des saisons, on retrouve dans les jardinières de balcon les mêmes plantes que dans le jardin. Des légumes, des herbes condimentaires, des fraises et pourquoi pas des pommes et des kiwis peuvent pousser sur un balcon. De quoi réaliser des balcon-garten party pour célébrer cette floraison luxuriante.

Les fleurs annuelles, à longue floraison, comme les dahlias, les bégonias à bulbe, les géraniums, les fuchsias et les tagètes nous ravissent jusqu'aux premières gelées. Il existe toute une série de plantes qui fleurissent pendant des mois. C'est sur elles que nous attirerons l'attention dans les différents chapitres.

Grâce à un choix judicieux de plantes, les vasques et jardinières de balcon se transformeront en véritables jardins miniatures, qui raviront les yeux en toutes saisons.

Avant-saison et premières semaines de printemps

La saison du balcon débute avec des fleurs résistant aux intempéries: les pensées, les pâquerettes, les myosotis et les primevères. Celui qui apprécie les fleurs parfumées pourra y ajouter, s'il en trouve, des giroflées jaunes odoriférantes. En général, on les trouve avec fleurs, bulbes et racines, préemballées, ce qui facilite la plantation et la croissance ultérieure.

Pensées, pâquerettes et giroflées jaunes.

Pensée
Viola-Wittrockniana-hybrides

Peu de plantes présentent une palette de couleurs aussi variée que la pensée. De petite à très grande, de couleur unie, tendre ou vive, ou au contraire en combinaisons extraordinaires, avec des motifs, des grands yeux ou des ailes colorées, la pensée permet des arrangements très variés. On peut déjà la planter à la fin de l'automne. Il faut essayer de laisser le plus de terre possible aux extrémités des racines que l'on enfonce profondément dans la terre, sinon les plantes commencent à s'éparpiller et se couchent. Les pensées ont besoin d'un périmètre d'une vingtaine de centimètres et d'un arrosage régulier.
La floraison peut être légèrement prolongée, à condition d'éliminer les parties fanées

Pâquerette
Bellis perennis

La pâquerette fleurit des semaines durant, souvent jusqu'à la mi-mai, dans les tons blancs, roses ou rouges, sans grandes exigences. Sa croissance limitée (12-15 cm) permet de la combiner avec des arbustes nains. Cette fleur des champs, toute simple, est présente partout. Elle s'épanouit dans des endroits ensoleillés ou à la mi-ombre.
Il faut couper tout ce qui est fané, cela activera la floraison des autres boutons.

Ci-dessus: giroflées et pensées.

A droite: primevères de printemps dans un fût.

Giroflée jaune
Cheiranthus cheiri

Sa fleur simple et veloutée nous ravit toujours avec son parfum et ses tons allant du jaune pâle au brun foncé; elle s'épanouit de mai à juin. Il existe des variétés aux couleurs orange et aux fleurs écarlates. Les buissons nains de 30 cm de haut sont recommandés pour les jardinières de balcon. Sa livrée orange s'harmonise avec les tulipes unies de fin de saison, les pensées et les myosotis.
Elle apprécie le soleil ou la mi-ombre et préfère se trouver à une distance de 25 cm de toute autre plante, dans un sol richement nourri.

Myosotis
Myosotis sylvatica

Les myosotis bleutés sont l'accompagnement idéal des pensées jaunes, avec lesquelles ils ont en commun la taille et les exigences.
De mai à juin, ils accompagnent parfaitement les tulipes, les crocus et les narcisses, ainsi que d'autres plantes à bulbe qui ne doivent pas être retirées des récipients.
Lorsqu'on place ces plantes de 15 - 20 cm de hauteur, aux tons bleus multiples dans les vasques, au printemps il faut que les bulbes et les radicelles soient recouverts de suffisamment de terre et plantés assez profondément.

Primevère de printemps
Primula, de différentes sortes

Ces fleurs, qui apparaissent très tôt dans la saison, dans une large gamme de couleurs différentes, sont certainement une des variétés les plus plaisantes.

Tout va dans une jardinière: scilles, jacinthes et muscaris. Et des pensées pour compléter.

On ne devrait jamais s'en passer car elles sont aussi indifférentes aux averses hivernales qu'aux températures sous zéro. Elles apprécient un arrosage abondant. Après floraison, elles peuvent être plantées dans le jardin.

Les fleurs à bulbe

Si l'on désire avoir des fleurs au balcon dès février-mars et en abondance en avril, il faut planter dans les jardinières ou dans les vasques des jacinthes, des petites tulipes botaniques, des narcisses, des crocus et toutes les autres petites fleurs à

bulbe. Il y a deux manières de procéder: ou bien acheter au printemps, chez des marchands spécialisés, des plants déjà en fleurs de crocus, jacinthes, narcisses et muscaris, que l'on plante dans les bacs, ou bien on travaille comme au jardin: en automne, on plante des bulbes secs. Il faut employer de nouveaux bacs de plantes, car les bulbes de fleurs ne peuvent être retirés (comme c'est le cas dans le jardin) que lorsque les feuilles jaunissent et que les plantes ont achevé de se développer. Les jardinières pour fleurs à bulbe ne doivent pas être trop petites et doivent être pourvues de trous d'écoulement recouverts d'une

couche de drainage de 3 cm en tessons de pots ou petites billes pour éviter la stagnation d'eau. Il suffit ensuite de disposer à la profondeur nécessaire (5-8 cm) d'abord les plus petits bulbes (perce-neige, crocus et autres) en appuyant fermement, et toujours par petits groupes de la même sorte (3-5, par exemple). Contrairement à ce qui se passe dans un jardin, les bulbes doivent être enfoncés de manière à ce que seule l'extrémité dépasse; les bulbes doivent aussi être placés de manière plus serrée que dans le jardin. Il faut ensuite arroser pour terminer.

L'hivernage

<u>1ère possibilité:</u> placer les jardinières ou les vasques dans un coin de la terrasse ou du garage, les recouvrir de copeaux d'écorce et en cas de gel, les recouvrir de sacs ou de feuilles de plastique.
<u>2e possibilité:</u> réaliser des jardinières en bois, les isoler intérieurement avec des plaques rigides en mousse, recouvrir le fond de 5 cm de copeaux d'écorce

ou de compost, déposer les vasques ou les jardinières à l'intérieur et les recouvrir d'une couche d'environ 10 cm de terre ou de copeaux. Cette manière est certainement la plus sûre, les caisses peuvent être réemployées chaque année. Il n'est cependant pas possible de ranger des caisses isolées de cette manière dans une cave chauffée.

Vérifier, pendant tout l'hiver, l'humidité des caisses; les bulbes ne grandissent pas si la terre est trop sèche. Fin février -début mars, retirer les bacs à plantes de leur enveloppe et les placer à l'endroit où on désire les voir fleurir.

Tulipa fosteriana, T. greigii, T. kaufmanniana , de différentes variétés, selon la sorte et le genre, 15-20 cm, floraisons différentes, mars-avril.

Si vous possédez un jardin, il faudrait déterrer les bulbes lorsque les fleurs sont fanées et les placer dans un endroit ombragé afin de les laisser sécher. Pour cela, placez-les assez serrés dans un sillon et recouvrez-les de compost.

Un régal pour les yeux: différentes sortes de tulipes et de narcisses nains.

Espèces qui conviennent bien pour jardinières de balcons

Anémone, *Anemona blanda*, différentes couleurs, hauteur 10 cm, floraison mars-avril; chionodoxa *(Chionodoxa)* , bleu, 10-15 cm, mars-avril; crocus, différentes couleurs, 10-12 cm, mars; ellébore *(Eranthis)*, jaune, 8-10 cm, février-mars perce-neige, blanc, 15 cm; iris à bulbe *(Iris danfordiae)*, jaune, 10 cm, février-mars; *Iris reticulata*, bleu foncé, 15-20 cm, février-mars; narcisses nains et sauvages, de différentes sortes et variétés, jaunes, 10-20 cm, avril-mai; scille *(Scilla)* bleu, 15 cm, mars-avril; tulipes botaniques comme la

Les fleurs
de pleine saison

Géraniums

(*Pelargonium-Zonale*-hybrides, *Pelargonium-Peltatum*-hybrides)

Les géraniums nous comblent de fleurs même dans une jardinière accrochée à un minuscule balcon. Peu importe que ce soit une variété montante qui remplit rapidement la jardinière, ou une variété tombante, qui produit des cascades de fleurs colorées. La palette de couleurs offerte par ces géraniums est impressionnante. Rien que

pour les variétés droites, aux feuilles généralement grandes et souples, l'on dénombre une bonne centaine de tons de rouges, de roses, mais également de blancs.

Avec les géraniums droits, l'on associe souvent des pétunias, des marguerites naines, des héliotropes bleu-foncé ou

Toujours un des plus plébiscités: le géranium.

d'autres fleurs d'été à croissance rapide. On peut employer de multiples manières les sortes tombantes ou pendantes ou semi-pendantes, qui nous donnent des fleurs rouges, roses, blanches, unies ou de plusieurs tons, simples ou composées.

Le géranium ne déçoit jamais. Le géranium préfère le plein soleil, mais ne dédaigne pas les endroits qui ne reçoivent le soleil que quelques heures par jour. Les plantes se développent le mieux dans de la nouvelle terre. La seule chose que les robustes géraniums n'apprécient pas est l'excès d'eau. On peut les garder des années si on les fait hiverner correctement ou si on les multiplie par bouturage. Il est toujour recommandé de rajouter quelques nouvelles plantes.

Les 10 plus belles combinaisons avec des géraniums

1. Géraniums droits, rouges, à fleurs doubles, encadrés de marguerites naines (*Chrysanthemum paludosum)*, avec à l'avant des impatientes roses et des tagètes orangés.

2. Des géraniums droits, à fleurs rouges simples, entourant des marguerites naines, à l'avant des lobélies bleues, des tagètes jaunes et des zinnias rampants (*Sanvitalia procumbens).*

Les géraniums retombants composent de magnifiques bacs de fleurs.

3. Géraniums droits, bicolores rose-blanc, entourant des calcéolaires jaunes (*Calceolaria integrifolia*); à l'avant, des œillets de Chine (*Dianthus chinensis*) et des alysses annuelles blanches (*Lobularia maritima*), qui sont légèrement retombantes.

4. Des géraniums droits écarlates, entourés chacun d'une calcéolaire, avec devant un mélange d'œillets de Chine roses, deux ageratums bleus et des alysses annuelles légèrement pendantes.

5. Des géraniums droits d'un rouge éclatant, encadrés par des héliotropes bleu-foncé (odorants), précédés de lantaniers bicolores (rouge/jaune) (*Lantana Hybrides*), et de tagètes dorés.

6. Géraniums droits, rouge-violet, au milieu de marguerites naines blanches, de tagètes jaune-pâle et de verveine (*Verbena*- hybrides) retombante bleu-foncé (avec des yeux blancs), et de zinnias.

7. Des géraniums droits vermillon, avec de chaque côté des gazanies jaunes (*Gazania* hybrides) de la sorte mini-star, deux impatientes violet clair (*Impatiens*), et des lobélies bleu moyen (*Lobelia*).

8. Des géraniums droits roses, complétés par des marguerites naines (*Chrysanthmum paludosum*), blanches à cœur jaune, à l'avant centre des tagètes dorés (*Tagetes*), et tout à l'avant de la verveine pourpre (*Verbena* hybride) avec un centre tout blanc.

9. Des géraniums écarlates droits, mélangés à des dimorphotèques blancs (*Dimorphoteca sinuata*); à l'avant des ageratums et des lantanas blancs et rouges; des alysses qui pendent, rouge vif, complètent le mélange.

10. Des géraniums droits rose-lilas, précédés de bégonias rouges (*Begonia semperflorens*), de gazanies brunes (*Gazania*), d'impatientes couleur lavande (*Impatiens*) et de lobélies bleu moyen (*Lobelia*).

Fuchsias

Des fuchsias, il en existe de toutes les sortes, à fleurs simples ou doubles, et même des variétés retombant en grappes et formant des cascades de 25 à 50 cm. Dans le commerce, on trouve des assortiments de couleur allant du blanc au bleu en passant par le rose, le rouge et le violet clair, et même certains dont le bleu est tellement intense qu'il paraît noir au soleil: un champ d'exploration très riche pour les amateurs et les collectionneurs. Pour choisir les variétés, il faudrait cependant moins se focaliser sur les couleurs que sur la croissance et ne planter les espèces droites que dans des jarres et des pots.

Il existe des variétés retombantes particulièrement bien adaptées aux balcons et aux paniers suspendus. C'est en arbuste à haute tige que le fuchsia se montre sous ses plus beaux aspects.

La période de floraison dépend de la variété; en général elle s'étend de mai jusqu'aux premières gelées. Les fuchsias aiment le vent, cela leur rappelle leurs origines: en lisière de forêt, ou dans les ravins des Andes. Ils aiment être suspendus et pouvoir regarder vers le bas. C'est d'ailleurs pour cette raison qu'ils se sentent si bien dans les jardinières des balcons. Il est faux de penser qu'ils ne supportent pas le soleil, il faut simplement que la terre reste bien humide. Dès qu'ils sont secs, ils perdent une partie des fleurs et des feuilles, les pousses durcissent et les plantes entament alors une pause dans la floraison pouvant durer de 6 à 8 semaines. S'ils sont bien soignés, ils supportent très bien l'ombre. La majorité des variétés préfèrent le soleil, certaines en sont vraiment avides.

On peut les planter dès la mi-mai, en les espaçant d'une distance de 25 cm minimum. Les fuchsias aiment une terre contenant de l'humus, bien riche et ont besoin dès le début de la croissance d'un apport d'engrais hebdomadaire. Certaines variétés produisent volontiers des semences, ce qui les affaiblit fortement, c'est pourquoi il est conseillé de retirer les baies dès qu'on les remarque. Pour passer la période hivernale, l'endroit

idéal pour le fuchsia est frais, clair et humide. Comme il perd ses feuilles en hiver, l'endroit peut être sombre; par contre, les jeunes plantes avec feuilles ont besoin d'énormément de lumière et d'une température avoisinant les 15° C. Les fuchsias passent facilement l'hiver dans un salon peu chauffé, dans un endroit clair avec maximum 12° C, ou dans une cave claire à 10° C, et dans

Les fuchsias existent en fleurs simples ou doubles, dans une infinité de couleurs éclatantes ou plus sobres.

une cave sombre où règne une température de maximum 8° C. Ils se sentent bien dans un grenier à l'abri du gel, dans une cour intérieure, s'ils sont recouverts d'une feuille d'aluminium, ou dans un jardin d'hiver et bien entendu une serre. Certains amateurs font un trou de 80 cm , dans lequel ils déposent les plantes, et qu'ils recouvrent ensuite de feuilles de hêtre, de papier journal ou de flocons de styropore. Le trou est recouvert de grillage pour empêcher les souris de venir se régaler. Dès janvier-février, on peut rabattre à environ ⅓ les fuchsias ayant passé l'hiver dans la clarté et en avril ceux qui ont hiverné dans le noir. Parallèlement, on les ramène vers un endroit plus chaud et on les dispose dans la nouvelle terre. L'important à ce moment est de les placer dans l'endroit le plus lumineux possible.

Les fleurs d'été, description

Le jardinier de balcon dispose d'un large choix de plantes, et ne doit pas se limiter aux géraniums et aux pétunias. La majorité des fleurs d'été sont annuelles, c'est-à-dire qu'elles commencent à fleurir en avril-mai; on les trouve à cette période en fleurs et en boutons et elles terminent leur floraison, selon les variétés, en automne ou aux premières gelées. L'amateur éclairé pourra cultiver ses plantes à partir de semences (voir chapitre "Multiplication"). Certaines d'entre elles, les tagètes par exemple, et les impatientes appartiennent au groupe qui a la plus longue floraison, d'autres par contre ne fleurissent que quelques semaines. Les plantes vivaces ou qui vivent quelques années comme les fuchsias, les géraniums, les calcéolaires, les lantaniers, les bégonias à bulbe et bien d'autres encore, nous enchantent par une floraison de très longue durée. Elles peuvent soit hiverner, soit être multipliées par bouturage.

Parmi les plantes annuelles, on compte également les lianes et les plantes pour paniers suspendus qui sont reprises dans des chapitres séparés. Toutes ces plantes nous offrent un choix infini de possibilités, permettant de créer chaque année un balcon différent.

Des plantes annuelles comme les gazanies, marguerites et autres fleurs foisonnent ici sur un balcon.

variétés des inflores-
cences retombantes
de couleur rouge
ou verte, ressem-
blant à des tresses.
Floraison: juillet à
septembre.
Situation: ensoleil-
lée, à l'abri du vent.
Plantation: très aérée
(30 cm).
Soins: beaucoup d'humidité
et d'engrais.
Multiplication: par semis dès
début avril en petites serres ou
en couches, à 15-18° C.

Ageratum ou agérate
Ageratum houstonianum

Fleurs bleu-ciel, bordeaux ou
violet se serrant en mini-
buisson. Très florifère; hauteur
8-15 cm.
Floraison: mai à septembre, se
prolonge si l'on retire les fleurs
fanées.
Situation: aime le plein soleil.
Plantation: à 15 cm.
Soins: arrosage régulier mais
pas excessif. Eliminer les fleurs
fanées.
A partir de la mi-août, apport
d'engrais toutes les trois
semaines.
Multiplication: par semis de
janvier à mars, en serre à
18-21° C.

Amarante
Amarantus caudatus

Fleur d'été assez particulière:
hauteur 60-80 cm, feuilles
rouge carmin, avec selon les

**Ageratums dans un bac en terre
cuite.**

Amarante.

Aster doré
Astericus maritimus
(Golden Coin)

Fleurs d'un jaune éclatant, se renouvelant sans cesse sur des tiges légèrement retombantes de 30 cm. Même par mauvais temps, les fleurs restent ouvertes.
Floraison: d'avril à octobre, sans arrêt.

L'aster doré fleurit sans arrêt (à gauche), ce qui est aussi vrai pour le bégonia.

Situation: ensoleillée.
Plantation: dans un sol riche; plante d'accrochage ou partenaire de fleurs bleues à croissance droite comme des lobélies, des héliotropes et des pétunias bleus.
Soins: éliminer les parties fanées. De l'engrais tous les 15 jours, du début de la floraison et jusqu'à la mi-septembre. Vivace et supporte donc l'hivernage.
Multiplication: bouturage.

Bégonia florifère
*Begonia-semperflorens-*Hybrides

Fleurit sans arrêt. Nombreuses variétes droites à fleurs rouges, roses ou blanches, avec de nombreux tons différents. Certaines variétés avec feuilles couleur bronze.
Hauteur: 18-25 cm.
Floraison: de mai aux premières gelées.
Situation: plein soleil, mais accepte aussi un endroit semi-ombragé.
Plantation: distant de 15-20 cm.
Soins: arrosage régulier, attention cependant aux excès. Apport d'engrais tous les 15 jours.
Fleurs fanées à pincer.
Multiplication: par semis dans petite serre chauffée à 20-25° C.

Bégonia tubéreux
Hybrides

Plante tubéreuse vivace.
Variétés droites et retombantes
avec des fleurs superbes,
blanches, roses ou rouges.
Beaucoup de mélanges avec des
fleurs, simples, doubles, frisées,
avec franges et striées.
<u>Floraison</u>: de mai à octobre.
<u>Situation</u>: préfère la mi-ombre,
se développe également très
bien à l'ombre.
<u>Plantation</u>: transplanter dans un
terreau pour fleurs très riche.
Espacer de 20-30 cm selon la
grandeur.
<u>Soins</u>: arrosage généreux, ne
pas mouiller les feuilles, apport
d'engrais tous les 15 jours.
Laisser sécher les tubercules
dans des bacs à l'automne,
après la floraison, puis les placer
dans des caisses contenant de la
sciure de bois ou des copeaux
d'écorces et laisser passer
l'hiver au sec. Placer dès mars
dans de petits pots remplis de
terreau de culture et les placer
dans un endroit chaud et clair.
<u>Multiplication</u>: par semis, dans
de petites serres chauffées ou
sur l'appui de fenêtre à une
température de 20-22° C.

**Le bégonia tubéreux participe à
l'éclat du balcon au soleil et à
l'ombre.**

Browallia
Browallia Hybride

Reste basse (20 cm); pousse en bouquets serrés; plante annuelle aux fleurs bleues ("Kobold", "Blue Troll", "Benarys" bleues ou blanches qui fait penser aux campanules).
Floraison: juin à septembre.
Situation: ensoleillée.
Plantation: à 20 cm de distance.
Soins: retirer ce qui est fané. Apport d'engrais tous les 15 jours.
Multiplication: par semis, début mars; serre miniature ou sur l'appui de fenêtre.

Calcéolaire
Calceolaria integrifolia

Vivace. Peut passer l'hiver. Croissance droite. Cette plante dont la taille varie de 20 à 40 cm selon les variétés n'est pas exigeante. L'intensité de sa couleur fait merveille.
Floraison: mai à octobre. L'élimination constante des fleurs fanées prolonge la floraison.
Situation: ensoleillée à ombragée.
Plantation: à 20-25 cm de distance, et enfoncer les plants profondément dans la terre.
Soins: apport hebdomadaire d'engrais, arrosage abondant.

Multiplication: par bouturage, en août.

Célosie
Celosia argentea, 'Cristata' amarante crête de coq
Celosia argentea , 'Plumosa' célosie argentée

Croissance droite avec fleurs jaunes, rouges ou blanches. De 20-35 cm de hauteur.

Des browallias bleus (à gauche) et un ensemble regroupant calcéolaires, gazanies et tagètes (à droite).

Floraison: juillet à septembre.
Situation: demande beaucoup
de soleil.
Plantation: à une distance de
20 cm. Jamais seule, toujours
en planter plusieurs.
Soins: apport d'engrais tous les
15 jours de juin à fin août.
Attention : ces annuelles ne
supportent pas la sécheresse.
Multiplication: par semis, dès
mars, en vasques ou en pots ou
en mini-serre, ou sur l'appui de
fenêtre à température de
18° C.

Grande marguerite
Chrysanthemum maximum
F1-hybride "Snow Lady"

Ses fleurs immaculées sont aussi
belles que celles des marguerites des jardins. N'atteint que
20 cm de hauteur et peut donc
passer l'hiver dans des
jardinières ou au jardin, car
résiste au froid.
Floraison: juillet à août.
Situation: ensoleillée à
ombragée.
Plantation: dans une terre
riche, à 25 cm de distance.
Soins: arrosage régulier et
apport d'engrais tous les

**A gauche: la célosie argentée
aime se trouver seule.**

**A droite: belle, robuste et
rustique, voici la marguerite.**

15 jours. Elimination des fleurs
fanées. Après floraison, les
planter dans le jardin ou les
transplanter dans un autre
récipient, pour les remettre
dans les jardinières au
printemps suivant.
Multiplication: par semis.
Le plus simple est la
multiplication par division.

Marguerite naine jaune
Chrysanthemum multicaule

Haute de 20 cm, poussant en buisson, à petites fleurs jaune doré ou blanches. Convient à des plantations qui donnent un effet naturel.

Floraison: juillet à octobre. Floraison continue si l'on retire les parties fanées.

Situation: ensoleillée.

Plantation: à 20-25 cm de distance.

Soins: arroser régulièrement, mais éviter la stagnation d'eau. Apport d'engrais tous les 15 jours.

Multiplication: par semis dès mars, sur le rebord de fenêtre ou dans des mini-serres;

également directement dans les jardinières et dans les pots. Culture dès 15° C.

Marguerite blanche naine
Chrysanthemum paludosum

Celui qui aime les marguerites devrait se limiter à cette variété naine de 25-30 cm.

Floraison: mai à octobre.

Situation: ensoleillée, aussi ombragée.

Plantation: après les saints de glace, à 30 cm de distance. S'harmonise très bien avec des lobélias bleus ou avec les *C. multicaule* de même sorte. Accompagne parfaitement les géraniums rouges.

Soins: rabattre à la mi-août, avant que toutes les fleurs soient fanées, arroser abondamment, apport d'engrais tous les 15 jours.

Plantation: par semis en mars, dans des mini-serres ou sur le rebord de la fenêtre, à une température de 15° C.

Chrysanthenum multicaule, en jaune, et C. paludosum, le blanc nain.

Grande camomille; en dessous
coleus multicolores (*Coleus*) et
fuchsias.

Grande camomille
Chrysanthemum parthenium

Variété de chrysanthème très
dense, d'une hauteur maximum
de 25 cm, à petites fleurs
serrées, très abondantes.
Certaines fleurs sont blanches,
d'autres jaunes.
Floraison: juillet à septembre.
Situation: ensoleillée à
ombragée.
Plantation: éviter la tourbe,
planter dans un mélange de
compost et de sable. Aime les
terres calcaires.
Soins: arrosage régulier, apport
d'engrais tous les 15 jours,
jusqu'au mois d'août.
Multiplication: par semis, dès
avril en couche, mini-serre ou
sur rebord de la fenêtre à
12-15° C.

Coleus, ortie
Coleus-blumei - hybrides

Son feuillage est très apprécié
en appartement. Croissance
droite, hauteur: 30-51 cm.
Floraison: les feuilles nous
enchantent, pas les fleurs.
Situation: ensoleillée.
Plantation: les feuilles
agrémentent le vert du feuillage

des plantes de balcon.
Soins: pas de soin particulier;
accepte même une sécheresse
occasionnelle. L'apport
d'engrais se fait tous les 8 à
10 jours, jusque fin août. Le
coleus passe facilement l'hiver

dans un coin clair d'une pièce
de la maison.
Multiplication: par bouturage
de mars à octobre. Le semis
réalisé au printemps (température de 18° C) donne aussi de
bons résultats.

103

sont apparues. ("Telestar Mix" avec des fleurs unies ou multicolores et d'autres sortes hybrides comme les "snowfire" fleurissent tout l'été).
Hauteur moyenne : 20-30 cm.
Floraison continue.
<u>Floraison</u>: juin à octobre.
<u>Situation</u>: ensoleillée.

A gauche: les dahlias bas fleuris-sent aussi bien en pot.

En dessous: : les dimorphotèques sont de toute beauté.

Dahlia
Dahlia- hybrides

Il existe des variétés de dahlias qui sont magnifiques tout en restant de petite taille; leur longue floraison et leur robustesse les destinent tout spécialement aux jardinières de balcon. Ils fleurissent jusqu'aux premières gelées. Les variétés réservées aux vasques et jardinières ne dépassent pas les 30 cm de hauteur.
<u>Floraison</u>: de juillet aux gelées. Les plantes en fleurs ne se trouvent qu'à partir de mai.
<u>Situation</u>: ensoleillée à ombragée.
<u>Plantation</u>: doivent étendre leurs racines: il leur faut une vasque pour eux tout seul. Planter à une distance de 30-40 cm.
<u>Multiplication</u>: en retirant les tubercules desséchés. Possibilité de procéder par semis.

Œillet de Chine
Dianthus chinensis

De nouvelles variétés plus robustes et plus florifères, particulièrement adaptées aux jardinières et autres vasques,

Plantation: à 25 cm de distance; terre riche.
Soins: arrosage régulier, dès juin apport d'engrais tous les 15 jours.
Multiplication: par semis en mars-avril en mini-serre ou sur un appui de fenêtre (température de 10 à 20° C).

Dimorphothèque
Dimorphoteca sinuata

Cette plante annuelle fleurit pendant des semaines, sur des arbrisseaux d'une hauteur de

25-30 cm aux fleurs jaunes, orange, blanches et pêches. Particulièrement réussie: *D. pluvialis* dont les fleurs blanches se teintent de violet.
Floraison: juin à septembre.
Situation: ensoleillée.
Plantation: après la mi-mai dans une terre riche.
Soins: arrosage régulier, éviter la stagnation d'eau, supporte une sécheresse passagère. Retirer les fleurs fanées.
Multiplication: par semis, dès mars, sur l'appui de fenêtre ou dans une mini-serre à 12-15° C. Repiquer les jeunes pousses dans de petits pots.

Les nouvelles variétés d'œillets de Chine, *Dianthus chinensis*, restent basses et fleurissent longtemps.

Aster du Cap
Felicia amellioides

Plante de 30 cm de haut, aux fleurs bleu ciel. Floraison continue.
Floraison: mai à novembre.
Situation: ensoleillée.
Plantation: à 30 cm de distance.
Soins: arrosage modéré et apport d'engrais toutes les trois semaines; retirer ce qui est fané. Les rabattre à quelques centimètre à la fin de l'automne et dès mars, commencer l'apport d'engrais.
Pour leur faire passer l'hiver dehors, recouvrir les plantes avec des brindilles.
Multiplication: bouturage.

Gazanie
Gazania-hybrides

Ses grandes fleurs aux couleurs variées en font une des plus belles plantes. Les nouvelles variétés sont particulièrement recommandées, comme le groupe des "mini-stars" de 20 cm de haut, dans les tons blanc, jaune, orange, rose ou brun.
Floraison: mai à octobre.
Situation: ensoleillée.
Plantation: dans une terre riche, à 20 cm de distance.
Soins: arrosage régulier; de juin à septembre, apporter de l'engrais tous les 15 jours.
Multiplication: les gazanies obtenues par semis fleurissent mieux que les boutures : en mini-serre ou sur l'appui de fenêtre (température 18° C).

Héliotrope
Heliotropium arborescens

Plante annuelle, à croissance droite. Plantes atteignant 50 cm de haut, aux fleurs bleu foncé, qui dégagent un merveilleux parfum de vanille épicé.
Floraison: juin à octobre.
Situation : ensoleillée.
Plantation: à 20-25 cm de distance. N'importe quel sol convient.

En dessous: gazanies, sauge rouge et œillets - A gauche: aster du Cap à haute tige.

Le parfum des héliotropes rappelle la vanille.

En dessous: des impatientes de Nouvelle-Guinée.

<u>Soins</u>: apport d'engrais tous les 15 jours et arrosage régulier.
<u>Multiplication</u>: semis en petite serre de culture ou sur l'appui de fenêtre, à une température de 18° C. Couper la pointe des jeunes pousses lorsqu'elle atteint 8-10 cm.
Bouturage.

Impatiente de Nouvelle-Guinée
Impatiens - hybrides

Variété à taille plus élevée et fleurs plus grandes que l'impatiente ordinaire, avec un beau choix de couleurs et de feuilles. Elles forment des buissons ronds qui ont besoin de beaucoup de place. Les impatientes peuvent être placées individuellement dans des pots.
<u>Floraison</u>: mai à octobre.
<u>Situation</u>: ombragée à ombre complète.
<u>Plantation</u>: terre riche.
<u>Soins</u>: arrosage régulier, tous les 15 jours. Elimination des fleurs fanées.
<u>Multiplication</u>: par boutures, à la fin de l'automne, dans une serre ou à la fenêtre (à 18° C).

Des impatientes toutes blanches. A droite: papillons butinant des lantaniers en fleurs.

Impatiente
Impatiens walleriana

Parmi les impatientes, on trouve des variétés hautes (25-30 cm) et des variétés plus basses (15-20 cm) aux fleurs blanches, roses, orange, rouges; certaines mêmes aux fleurs bicolores.
Floraison: mai à octobre.
Situation: ensoleillée, ombragée; fleurissent également à des endroits complètement à l'ombre où d'autres fleurs ne peuvent

survivre.
Plantation: à 20-30 cm de distance.
Soins: arrosage régulier et abondant.
Multiplication: par bouturage en automne ou par semis dans des mini-serres, ou sur l'appui de fenêtre à une température de 18-22° C.

Lantanier rose
Lantana camara - hybrides

Arbrisseau vivace aux fleurs exceptionnelles, dans les tons pastel. Il en existe des blancs, des jaunes, des orangés, des roses, rouges, bleus et de couleur lila qui changent de couleur pendant la floraison, comme les caméléons. Se trouvent aussi comme arbustes à

haute tige.
Floraison: du début de l'été jusqu'aux gelées.
Situation: ensoleillée.
Plantation: les lantaniers fleurissent pendant des mois, si le sol est bien enrichi avec de l'engrais complet. Planter à une distance de 20-30 cm.
Soins: apport d'engrais chaque semaine. Dès fin septembre, l'apport d'engrais et l'arrosage peuvent être réduits.
Multiplication: difficile.

Lobélie
(Campanulacée)*Lobelia erinus*

Plante annuelle, à la floraison très abondante, aux petits fleurs de couleurs vives. Les espèces à croissance droite atteignent une hauteur de 8-25 cm. Les

pousses des lobélies retombantes peuvent atteindre jusqu'à
30 cm.
Floraison: juin à octobre.
En rabattant, la floraison peut
être prolongée.
Situation: ensoleillée à
ombragée.
Plantation: à 10 cm de
distance. Un apport d'engrais
mensuel est suffisant.
Soins: après la première
floraison, rabattre à 1/3 de la
hauteur, ainsi elles fleuriront
encore une fois.
Multiplication: semis en mars
dans de mini-serres, à une
température de 18 ° C.

Corbeille d'argent
Lobularia maritima

Les petites tiges de seulement
6-8 cm de haut, recouvrent
pendant des mois la terre de
fleurs blanches, roses, violettes
ou rouge carmin foncé. A
recommander : les variétés à
fleurs blanches "Snow
Crystals".
Floraison: juin à octobre.
Situation: ensoleillée, mi-
ombragée.
Plantation: semer directement
dans les pots en avril, par
exemple comme plante à placer
en dessous de plantes

retombantes. Si elles sont trop
serrées, diviser les plantes et les
placer à 10 cm de distance.
Soins: préfèrent un endroit
assez sec à un sol humide.
Multiplication: cf plantation.

A gauche: des lobélies.
A droite: des corbeilles d'argent.

Des *Melampodium*. A droite: du houblon blanc décoratif derrière des œillets et des corbeilles d'argent.

Melampodium paludo-sum

Durant tout l'été des fleurs jaunes apparaissent sur les arbustes d'une hauteur de 20-40 cm. Ces plantes ont un aspect naturel, les jeunes pousses envahissant les fleurs fanées.
Floraison: de juin à octobre.
Situation: ensoleillée.
Plantation: distance de 30 cm, dans une terre riche.
Soins: arrosage régulier, apport d'engrais tous les 15 jours.
Multiplication: semis (mini-serres ou appui de fenêtre; à 16-18° C).

Tabac
Nicotiana sanderae

Il existe des variétés naines, par exemple "Starship"-F1-hybri-des avec des fleurs jaunes, roses, rouges ou blanches, qui n'atteignent que 30 cm de haut.
Floraison: de juillet à octobre.
Situation: ensoleillée, à l'abri du vent.
Plantation: à planter après les saints de glace, le tabac étant très sensible au gel.
Demande une terre fortement enrichie.
Soins: en cas de sécheresse, arroser abondamment à partir de juin; apport d'engrais chaque semaine; retirer les fleurs fanées.
Multiplication: par semis; assez difficile à réaliser.
Il vaut mieux les acheter chez le jardinier.

Pétunia
Petunia hybrides

Plante annuelle dont il existe un choix immense tant pour les variétés droites que retomban-tes. On trouve également des variétés magnifiques à fleurs simples ou doubles. De nom-

breuses variétés de fleurs présentent des franges dentelées ou ondulées, ou toutes simples. La plupart sont unies, certaines sont multicolores. Parmi les variétés droites, certaines des tiges atteignent à peine 20 cm tandis que d'autres montent jusqu'à 50 cm. La palette de couleurs est tout aussi riche; les variétés à fleurs foncées ont un parfum inégalable.

Floraison: de début mai jusqu'aux gelées.

Situation: si elles sont en plein soleil, leur floraison est très abondante, mais elles se plaisent aussi à la mi-ombre.

Plantation: d'après leur taille, à une distance de 20-25 cm, certainement pas plus rapproché!

Soins: l'élément le plus important est l'élimination des fleurs fanées. Les variétés les plus hautes doivent être attachées à de petits tuteurs. Arroser régulièrement, sans que le terre ne reste constamment humide.

Multiplication: par semis dès mi-janvier jusqu'au début mars, dans des mini-serres à 18-20 ° C.

Parfaitement adaptés au balcon: les phlox annuels qui ne font que 20 cm de hauteur.

Les pétunias: plus de fleurs que de feuilles.

Phlox annuel
Phlox drummondii

Celui qui aime les phlox en arbrisseau choisira surtout la variété qui n'atteint que 15 cm (Paloma) ou la variété qui monte à 20 cm (Beauty melange), avec une floraison de longue durée et une palette de couleurs très riche.

Floraison: mai à octobre.

Situation: ensoleillée, à l'abri des averses.

Plantation: terre très riche, à une distance de 20 cm.

Soins: arrosage régulier. Tous les 15 jours, apport d'engrais. Retirer les fleurs fanées.

Multiplication: par semis en mars sur l'appui de fenêtre ou dans une mini-serre à 15-18 ° C.

Zinnia rampant
Sanvitalia procumbens

Plantes de 10-12 cm avec des fleurs noires au cœur jaune, qui ressemblent à de mini soleils. Les feuilles de la variété "mandarine" sont orangées. Vont très bien avec les marguerites naines et les plantations naturelles. Floraison ininterrompue.
Floraison: juin à octobre.
Situation: ensoleillée.
Plantation: dès mai, dans une terre riche.

Salvia aux couleurs écarlates. En dessous: zinnias et pâquerettes bleues.

Salvia
Salvia splendens

Plante annuelle dont les fleurs sont rouge flamboyant. Croissance droite; 20-25 cm de haut.
Floraison: peut s'étendre de juin à la fin de l'été si on coupe les inflorescences.
Situation: ensoleillée ou à la mi-ombre.
Plantation: terre très riche et perméable. Distance entre les plantes : 20-30 cm.
Soins: suffisamment d'humidité mais attention : trop d'eau fait tomber les feuilles. Apport d'engrais tous les 15 jours dès juin.
Multiplication: par semis dans la serre ou dans une jardinière à 15-18° C.

Soins : l'humidité ne doit pas être trop importante. Engrais à partir de juin toutes les deux semaines.
Multiplication : semis en mini-serres ou dans une jardinière.

Schizanthus
Schizanthus-Wisetonensis - hybrides

Cette "orchidée du pauvre" ravit par la multitude de petites fleurs odorantes, qui existent en de nombreuses nuances. A recommander : la "Starparade" de 20 cm de haut ou la "Mélange pour bouquet nain".
Floraison: juillet à septembre.
Situation: ensoleillée, à l'abri du vent.
Plantation: dès la mi-mai, dans une terre très riche.

Soins: arrosage régulier, en évitant la stagnation d'eau. Dès juin, apport d'engrais tous les 15 jours.
Multiplication: par semis dès mars dans une serre ou près d'une fenêtre fort claire; température basse.

Cinéraire
Senecio bicolor

Plante d'ornement annuelle, présentant des feuilles argentées feutrées. Croissance droite. Selon les variétés, 20-40 cm de haut.
Floraison: les fleurs ne sont pas intéressantes, par contre les feuilles "argentées" sont du plus bel effet.
Situation: de préférence plein soleil.

A gauche: on devrait planter des schizanthus plus souvent.

A droite: le *Senecio bicolor*.

Plantation: à 20 cm de distance. Parfait à côté de géraniums rouges.
Soins : ne pas être avare d'eau, sinon sans problème.
Multiplication: par semis en mars-avril dans de petites serres ou des couches chaudes à une température de 18° C.

113

Situation: soleil mais aussi mi-ombre.
Plantation: à une distance de 20 cm. Terre riche.
Soins: humidité constante, engrais hebdomadaire.
Multiplication: semis en petits pots en avril sur l'appui de fenêtre ou dans des mini-serres à une température de 15° C (pas plus). Pour les espèces retombantes, nouer les vrilles au tuteur.

A gauche: capucines très naturelles et florifères. En dessous: tagètes à petites fleurs et tagètes doubles.

Tagète
Tagetes

Fleur d'été annuelle, aussi indispensable et belle pour les jardinières que les géraniums. Il en existe beaucoup de sortes différentes: des jaune-soufre, des dorées, des orangées. Les variétés de hauteur moyenne ont 30-50 cm, les variétés basses 20-30 cm. Il en existe à fleurs doubles et composées.
Floraison: de mi-mai jusqu'aux premières gelées.
Situation: plein soleil.
Plantation: distance de 15-20 cm. Sol très riche; engrais hebdomadaire.
Soins: humidité constante.

Multiplication: par semis en mars-avril, dans des couches, en mini-serres ou sur l'appui de fenêtre à une température de 18° C.

Capucine
Tropaeolum

Fleur d'été annuelle, qui selon les variétés est à croissance droite ou retombante. Couleur des fleurs: du jaune pâle, en passant par le jaune doré, rouge-orange jusqu'au rouge le plus foncé.
Il existe des variétés à fleurs simples et doubles.
Floraison: juin à octobre.

**La verveine (*Verbena*) fleurit deux fois, si l'on retire les parties fanées.
A droite: zinnias ("Pulcino").**

Verveine
Verbena - hybride

La palette de couleur de cette plante annuelle s'étend du blanc au rose et rouge, jusqu'au bleu et violet. Il existe des variétés à croissance basse - 25 cm et de plus hautes qui atteignent 40 cm.
A recommander: les "Novalis" hybrides.
Floraison: juillet à octobre.
Situation: la verveine aime un endroit ensoleillé.
Plantation: d'après la taille de la variété choisie, entre 20-25 cm.
Soins: réguliers, mais pas d'arrosage trop abondant; même les jours très chauds, ne donner que peu d'eau. Apport d'engrais hebdomadaire.
Si l'on retire toutes les parties fanées, la verveine fleurit deux fois.
Multiplication: par semis, mais c'est très difficile. Il est conseillé d'acheter de la verveine chez un jardinier.

Zinnia
Zinnia haageana

Les variétés basses de cette fleur d'été conviennent parfaitement pour le balcon.
A recommander: le mélange "Pulcino", de 25 cm de haut, les zinnias nains "Thumbelina" de seulement 15 cm de haut et la variété plus haute, de 30 cm, "Peter Pan".
Floraison: juin à septembre.
Situation: plein soleil.
Plantation: arroser abondamment au début de la culture. Sol très riche. En jardinières et selon les variétés: 20-30 cm.
Soins: retirer les parties fanées. Pendant l'été, de mi-juin à fin août, il est vivement conseillé de compléter avec de l'engrais tous les 15 jours.
Multiplication: par semis, sur l'appui de fenêtre ou en serre chaude à une température de 20° C.

Fin d'été et automne

De nombreuses plantes à floraison continue, comme les lobélies, les bégonias et les tagètes continuent à fleurir jusqu'à ce que les premières gelées y mettent brutalement fin. Pour remplir les places qui se sont ainsi libérées dans les jardinières, il existe une grande variété de petits chrysanthèmes. Les chrysanthèmes à petites ou grandes fleurs, simples ou doubles dans les tons blanc, rose, rouge ou jaune, orange ou carrément bronze, apprécient l'automne et ses températures plus fraîches ainsi qu'une humidité plus abondante.

Il en va de même pour la bruyère en pot, qui éclaire de ses couleurs éclatantes la morosité des jours d'hiver. Les bruyères aux fleurs roses ou rouges, ou aux clochettes blanches, peuvent également être plantées alors qu'elles sont en pleine floraison. L'important est de faire tremper la racine dans de l'eau pour bien l'humidifier. Il est recommandé de transplanter les bruyères sans le pot, de laisser une bande d'arrosage de la taille d'un pouce et d'arroser abondamment. La bruyère fleurit aussi bien au soleil qu'à l'ombre. La variété que l'on trouve en automne, *Calluna*, est un petit arbuste vivace qui ne grandit quasiment pas, avec des petites fleurs rouges, lilas rose ou violettes. La bruyère d'hiver (*Erica carnea*) prend ensuite le relais; d'après les variétés, elle commence à fleurir fin octobre avec la floraison la plus abondante au plus fort de l'hiver.

La cinéraire (*Senecio bicolor*) apporte de la variété dans les jardinières grâce à son feuillage gris argenté, ainsi d'ailleurs que les feuilles vertes de la véronique (*Hebe armstrongii*).

Les myrtes en pot (*Pernettya*), petits arbustes d'une hauteur de 50 cm aux feuilles brillantes d'aspect laqué, sont encore plus jolis en automne à cause des nombreuses baies blanches, rouges ou lilas.

Les chrysanthèmes font partie des fleurs de l'automne.

Jardinières de balcon colorées (1 m)

<u>1ère suggestion</u>: 3 bruyères en pot (*Erica gracilis*) et 3 véroniques à feuilles vert-jaune de 25-35 cm.

<u>2e suggestion</u>: 5 bruyères en pot, rouge et blanche, *Erica gracilis*, mélangé.
Hauteur: 25-35 cm.

<u>3e suggestion</u>: 5 chrysanthèmes à fleurs jaune, rouge, blanche et bronze.
Hauteur: 25-40 cm.

<u>4e suggestion</u>: 3 chrysanthèmes orangés et 4 plantes aux feuilles gris-argent.
Hauteur: 25-40 cm.

<u>5e suggestion</u>: 3 myrtes en pot (*Pernettya*), entremêlées de 3 plantes à feuilles gris-argent.
Hauteur: 50 cm.

<u>6e suggestion</u>: 2 myrtes en pot (*Pernettya*) avec 3 véroniques en pot aux feuilles jaune-vert.
Hauteur: 50 cm

 Ne plantez pas ensemble des bruyères et des chrysanthèmes, car les bruyères ont d'énormes besoins en eau: leurs racines ne doivent jamais être à sec.

117

Des plantes pour toute l'année

Arbrisseaux

Si l'on réussit une plantation s'étendant sur toute l'année, les jardinières de balcon et autres vasques à fleurs se transforment en parterres.

Les arbrisseaux à feuilles persistantes et les conifères donnent un fond de verdure, souvent fleuri, autour duquel on peut organiser les plantes de saison.

Au printemps, il y aura les primevères et les pensées, les tulipes botaniques et les scilles; en été, à partir de mai, les géraniums et les lobélies, les marguerites naines et les bégonias.

Finalement en automne, ce sont les bruyères et les chrysanthèmes.

Cela demande non seulement moins de travail, mais revient aussi moins cher puisque les "plantes de base" ne doivent être changées qu'après quelques années.

D'autre part, les jardinières de balcon ravissent le regard aussi bien en hiver qu'en été, peu importe la sorte d'arbrisseaux ou de conifères qui y est plantée. Le mieux est de mélanger les deux sortes.

Mesures pratiques

Si l'on désire cultiver des plantes toute l'année dans les jardinières de balcon, il faut respecter quelques précautions. Par exemple employer des récipients suffisamment grands, ayant une largeur et une profondeur d'au moins 20 cm. Lorsqu'on utilise des récipients plus petits, il arrive que les plantes sèchent ou gèlent en hiver. Les récipients en matière synthétique ne sont pas à recommander à cause du peu d'isolation qu'ils offrent. Il est conseillé de prendre des récipients en bois, imprégnés sous pression, en éternit, terracota ou céramique.

Tous les récipients doivent être pourvus, comme le sont les jardinières "normales", de trous permettant l'écoulement de l'eau, qui seront recouverts d'une couche de 5 cm de tessons de pot cassés, ou de billes d'argile expansée. Une méthode qui a fait ses preuves consiste à mélanger du terreau acheté dans le commerce à de la terre de jardin.

Des bruyères, de la bruyère sauvage et du myrte aux fleurs blanches réunis en assortiment automnal.

Les terres qui conviennent le mieux sont les terres argileuses ou les terres glaiseuses. Dans une jardinière d'environ 80-100 cm de long, on plante deux arbrisseaux ou arbustes, pas plus, pour garder de la place pour disposer des plantes de saison.

Arbrisseaux et arbustes pour toute l'année (sélection)

Berbéris
Berberis buxifolia "Nana"
50 cm, toujours vert.

Berbéris nain sanguin
Berberis thundergii
'Atropurpurea Nana'
30 cm de haut, feuillage rouge sang, vert en été.

Bruyère d'été
Calluna vulgaris
Dans les roses, rouges et blanches, selon les variétés de 20 à 50 cm; floraison d'août à septembre.

Bruyère d'hiver
Erica carnea
Plusieurs variétés; fleurs blanches, roses et rouges; fleurs de novembre à mai.

Cotonéaster rampant
Cotoneaster dammeri
var. *radicans*
Fait beaucoup d'effet placé sur le bord du bac d'où il peut retomber; fleurs en juin, feuilles persistantes.

Le lierre propose de nombreuses formes différentes de feuilles.

Fusain
Euonymus fortunei
Plat; vrilles grimpantes; supporte l'ombre; la variété "Gracilis" (fleurs blanches) est persistante.

Genêt
Genista lydia
50 cm, grande quantité de fleurs jaunes en mai-juin, vert en été.

Lierre
Hedera helix
Feuilles de couleurs et de formes variées, feuilles persistantes.

Lavande
Lavandula angustifolia
60 cm, avec des fleurs bleu clair à bleu foncé, de juillet à septembre, feuilles et fleurs légèrement parfumées, toujours vert.

Rosier nain
Grand choix dans les variétés et les couleurs, de mai à juillet déjà en fleurs, vert en hiver (voir "Roses pour balcon et terrasse").

Roses
pour balcon et terrasse

Des rosiers en conteneur

Pour réussir la culture des roses dans des jardinières de balcon et autres vasques, la première condition est de donner suffisamment de place aux racines qui croissent beaucoup plus vite qui celles des géraniums, par exemple.

De plus, les roses qui demandent un arrosage abondant ne doivent pas être placées avec d'autres plantes comme les géraniums. Dans les grandes vasques, les roses sur tiges restent assez basses et des plantes annuelles rustiques comme les alysses (*Lobularia maritima*) et les zinnias rampants (*Sanvitalia procumbens*) interrompent de manière très agréable la monotonie de certaines grandes jardinières. Les roses en bacs et dans les autres récipients, ont besoin de beaucoup de terreau d'excellente qualité, déjà enrichi, et demandent énormément d'humidité; après la plantation, et tous les 15 jours après les trois premières semaines, il faut un apport d'engrais spécial pour rosiers (jusqu'à fin août). A la fin de l'automne, il faut retirer les rosiers des jardinières et les planter dans le jardin ou dans un grand récipient rempli de compost ou dans un seau en matière synthétique rempli de copeaux d'écorce, et leur faire

passer l'hiver de cette manière; en mars-avril, on peut alors les remettre dans les vasques.

Les roses naines sont les plus jolies roses de balcon actuelles.

Les rosiers que l'on appelle généralement rosiers en conteneur , s'adaptent bien dans des pots en matière synthétique qui ressemblent beaucoup à leur conteneur original.

Il suffit de placer le conteneur dans un grand cache-pot en céramique et à un endroit ensoleillé, de l'arroser généreusement et d'apporter de l'engrais liquide jusqu'à la fin de l'été. Pour cet usage, ce sont les variétés à hautes tiges (90

cm de haut) qui conviennent le mieux. Pour les petits balcons et les petites terrasses, les demi-tiges (60 cm) et les buissons (40 cm) conviennent mieux; c'est une manière de redonner de la noblesse à des rosiers nains en pot ou sur tige.

Rosiers nains pour vasques et jardinières

"Angelita", blanc ou coloré, de 10-30 cm de hauteur;
"Baby Masquerade", chamaré jaune/rouge, 20-40 cm, très buissonnant;
"Finnstar", de couleur orange, 30-50 cm, florifère;
"Guletta", jaune pur, 20-40 cm, légèrement parfumé;

Ici dans un bac en céramique, des rosiers nains, décorent agréablement un balcon.

"Little artist", rouge sang avec du blanc, 20-30 cm;
"Morena", rose saumon, 20-40 cm, vigoureux à croissance buissonnante;
"Red Dit 80", rouge écarlate flamboyant, 20-40 cm, très buissonnant;
"Scarletta", orange-rouge écarlate, 30-50 cm, floraison abondante;
"Teeny Weeny" rose avec du blanc, 20-40 cm, croissance en buisson.
De plus, deux autres groupes de rosiers nains conviennent très bien à la plantation en

jardinières, pots et vasques. Il s'agit de Meillandiana, rosier en pot, qui reste petit, très florifère, aux couleurs jaune doré, jaune pâle, blanc et différents tons de rose et de rouge. Les rosiers en pot 'minijet' restent encore plus petits et offrent des fleurs plus petites dans les tons rouges, roses, blancs et jaunes.
Beaucoup de rosiers nains, par exemple les variétés Meillandiana, peuvent même être placés pendant une courte période dans un salon, mais alors ils ne fleuriront pas une deuxième fois.

Idées pour le balcon ou la terrasse

Plantes annuelles grimpantes

Parmi les plantes annuelles, on compte un certain nombre de lianes aux feuilles et fleurs abondantes qui ne demandent qu'à escalader les murs, les balcons, et les treillis pour leur donner un charme tout particulier. Ce genre de plantes d'été ajoute l'utile à l'agréable, puisque certaines variétés tissent un mur quasi impénétrable. La plupart de ces variétés sont facilement obtenues par semis.

Queue de chat pendante
Acalypha pendula

Jolie plante grimpante, avec des fleurs retombantes rouge clair, à l'aspect pelucheux.
Floraison: s'étend de juillet à septembre.
Situation: claire, pas en plein soleil, à l'abri du vent.
Plantation: nettoyer les radicelles.
Soins: tenir assez humide, vaporiser quotidiennement de juin à septembre et apporter de l'engrais tous les 15 jours. Placer dans une pièce d'une température d'au moins 16° C.
Multiplication: par bouturage dans de petites serres ou sur l'appui de fenêtre à une température de 16-18° C.

Mélange coloré: des géraniums retombants et des calcéolaires (*Calceolaria integrifolia*).

A gauche: muflier rampant (*Asarina*) - à droite: pâquerette bleue (*Brachycome*).

Muflier grimpant
Asarina barclaiana

Plante grimpante très décorative, surtout pour les espaliers, les murs et les grillages.
Floraison: juillet à septembre.
Situation: ensoleillée, à l'abri du vent.
Plantation: à 30-50 cm de distance, sinon les vrilles s'entremêlent. Placer immédiatement les tiges des fleurs dans des récipients.
Soins: de juin à août, apport d'engrais tous les 15 jours. Soutenir les vrilles de 8-10 cm pour favoriser la pousse des vrilles secondaires.
Multiplication: par semis, en mars, sur l'appui de fenêtre ou dans une mini-serre à 18-20° C.

Bégonia-Eliator
Begonia-Eliator hybride "Charisma"

Une variété qui se différencie des bégonias tubéreux par sa densité de croissance et son abondante floraison. Les plantes portent tout l'été des fleurs d'une taille de 5-6 cm, simples ou doubles, dans les tons rouges ou corail.
Floraison: début juin, jusqu'à début octobre.
Situation: ensoleillée à mi-ombragée.
Plantation: terre riche, il ne faut pas les planter trop tôt. Est particulièrement sensible aux températures basses.
Soins: de juillet à août, apport d'engrais tous les 15 jours, arrosage régulier. Eviter une trop grande humidité, surtout ne pas mouiller les feuilles (risque de mildiou).
Multiplication: par semis, mais très difficile.
Conseillé de les acheter.

Pâquerette bleue
Brachycome multifida

Variété d'aster très décorative, convenant surtout pour des paniers suspendus. Fleurs bleu-violet, jaunes au milieu. La variété *Brachycome iberidifolia* porte des fleurs bleu-violet, avec un centre noir et ressemble très fort à la variété décrite ici, *B. multifida*.
Floraison: mai à octobre.
Situation: ensoleillée, à l'abri du vent.
Plantation: dans une terre riche, de préférence seule, car les autres plantes les étouffent vite.
Soins: préserver une certaine humidité. Apport d'engrais tous les 15 jours. Retirer ce qui est fané.
Multiplication: les *B. iberidifolia* sont très difficiles à obtenir par semis, les acheter dans une jardinerie.
B. multifida se multiplie par boutures.

La cobée (*Cobaea scandens*) demande un support pour ses vrilles.

Campanule naine
Campanula isophylla

Campanule à floraison continue, aux fleurs bleues et blanches. Se conserve plusieurs années, si on peut la faire hiverner. La variété *C. carpatica,* très rustique, aux fleurs bleues ou blanches, est également très réussie. Après floraison, elle peut être plantée dans le jardin.
<u>Floraison</u>: mai à juillet.
<u>Situation</u>: claire à ensoleillée. A placer à l'abri du vent.
<u>Plantation</u>: à une distance de 20 cm l'une de l'autre, dans une terre riche.
<u>Soins</u>: arroser abondamment.

Rabattre après la floraison. A partir de septembre, arrosage très réduit. L'endroit où elle hiverne doit être clair et le plus frais possible, ne dépassant pas les 15° C.
<u>Multiplication</u>: par boutures.

Heeria
*Centradenia
(Heterocentron)*
"Cascade"

Une des plus jolies plantes pour panier suspendu; elle produit des vrilles retombantes de 20-24 cm, recouvertes de fleurs simples d'un rose prononcé.
<u>Floraison</u>: durant tout l'été.

<u>Situation</u>: ensoleillée, à l'abri de la pluie. En cas de période de pluie prolongée, dépendre la plante et la mettre à l'abri des ondées.
<u>Plantation</u>: dans un panier suspendu, seule de son espèce. Terre contenant de la tourbe mélangée à du compost, des copeaux d'écorce ou des déchets de styropore, pour empêcher la stagnation de l'eau.
<u>Soins</u>: couper les tiges rampantes, ne pas trop arroser, (tester avec le doigt); apport d'engrais liquide chaque semaine.
<u>Multiplication</u>: par boutures.

Cobée grimpante
Cobaea scandens

Cette plante grimpante annuelle nous ravit par ses grandes fleurs, blanc neige au départ, et qui virent ensuite à violet clair ou même au lie-de-vin.
<u>Floraison</u>: juillet à octobre.
<u>Situation</u>: ensoleillée, replanter à des endroits protégés.

124

Pousse aussi à la mi-ombre.
Plantation: dans une terre très
riche.
Soins: apport hebdomadaire
d'engrais et beaucoup d'eau.
Doit être tuteurée.
Multiplication: par semis en
petite serre ou sur l'appui de
fenêtre dès début mars à
18 ° C.
Semer 3-5 graines dans de
petits pots.

Coloquinte
Cucurbita pepo var. ovifera

Les coloquintes ont beaucoup
de choses à offrir: 1. une croissance ultra rapide avec de longues vrilles (2-4 m) et de grandes feuilles, 2. de grandes fleurs
agréables, qui ressortent bien
sur des treillis, 3. des fruits aux
formes variées, mais qui ne
sont pas comestibles.
Floraison: juin à septembre.
Situation: ensoleillée à
mi-ombragée.
Plantation: les graines de
coloquinte sont malheureusement plantées directement dans
les jardinières par petits groupes de trois et recouvertes d'un
doigt de terre.
Soins: de juin à août un apport
d'engrais liquide hebdo-
madaire. Surtout vrai pour les
plantes dans des pots étroits. Il
leur faut aussi un arrosage
régulier et abondant, car ces
plantes demandent plus d'eau
que les autres plantes de balcon
à cause de la grande dimension
de leurs feuilles.
Multiplication: cf plantation.

Œillet des fleuristes
Dianthus caryophyllus

Résistant. Tiges retombantes.
Hivernage possible à une
température de 5-6 ° C.
Floraison: de mai en automne.
Situation: la plupart des variétés
ne supporte pas le plein soleil
(ne pas planter sur des balcons
orientés au sud).
Plantation: pour les œillets de
fleuriste (giroflier) retombants:
terre riche et distance de 25-30
cm.
Soins: protéger du soleil et de
la pluie; arrosage régulier.
Apport d'engrais tous les 15
jours de juin à août.
Multiplication: par boutures en
septembre-octobre. Terre:
mélange de terreau pour fleurs
avec une bonne quantité de
sable.

**Les coloquintes produisent des
fruits de formes différentes.**

Bignone du Chili
Eccremocarpus scaber

Une des plus jolies plantes grimpantes qui soit et dont les vrilles peuvent atteindre une longueur de 3 m les années chaudes. Doit être tuteurée.
Floraison: juillet à septembre.
Situation: ensoleillée, à l'abri du vent.
Plantation: dès mi-mai dans une terre légère et sablée.
Soins: réguliers, ne pas trop arroser. Engrais de juin à août tous les 15 jours.
Multiplication: par semis, début mai, sur l'appui de fenêtre ou dans une petite serre à 18-20° C (par groupes de deux ou trois dans des petits pots).

Vergerette
Erigeron karvinskianus

Si on aime les plantes sauvages dans une jardinière, ajouter cette plante avec ses fleurs d'abord blanches avec un centre jaune, qui se teintent ensuite de rose.
Floraison: juin à septembre.
Situation: ensoleillée.
Plantation: de préférence dans un panier suspendu et seule.

Soins: arrosage régulier, mais peu abondant, apport limité d'engrais tous les 15 jours. L'engrais liquide est à conseiller. Ne doit pas être nettoyée.
Multiplication: par semis sur l'appui de fenêtre ou dans une mini-serre à une température de 18-20 ° C.

Liseron bleu
Evolvulus (Convolvulus) arbuscula

Plante d'hiver superbe avec de jolies fleurs bleues retombantes, qui ne durent qu'un jour, mais qui sortent quotidiennement en grand nombre, avec des pousses. A recommander particulièrement comme plante à suspendre.
Floraison: mai à octobre.
Situation: claire, mi-ombre, pas de soleil direct.
Plantation: de préférence seule, suspendue.
Soins: arrosage régulier, la plante supporte la sécheresse, apport hebdomadaire d'engrais liquide. Si l'on coupe les tiges fanées, les vrilles vont bien vite repousser.
Multiplication: boutures.

L'eccremocarpe scabre "habille" très bien des plantes hautes en pot.

Houblon japonais
Humulus scandens

Le houblon fleurit de manière presque inaperçue, mais construit des murs de verdure impénétrables. Les vrilles des variétés à feuilles vertes ont jusqu'à 4 m de long, celles de la variété "variegatus" présentent des feuilles irrégulières blanches et vert clair.

Floraison: en août; les fleurs ressemblant à de petits chatons sont jaunes et peu décoratives.

Situation: ensoleillée; la variété à feuilles vertes pousse aussi à l'ombre.

Plantation: en mars, déposer 2-3 graines dans un petit pot, placer dans un endroit chaud (serre, appui de fenêtre), puis transplanter dans de grands pots. Doivent pouvoir s'accrocher à des tuteurs ou des treillis.

Soins: pas trop d'engrais. Arroser régulièrement et abondamment.

Multiplication: cf plantation.

Ipomée volubilis - tricolore
Ipomoea tricolor

Les fleurs en forme d'entonnoir sont bleu ciel, pourpres, rouge lie-de-vin ou blanches. Les vrilles atteignent rapidement une longueur de 2-3 m et doivent être attachées.

Floraison: ininterrompue de début juin à septembre.

Situation: elles grandissent le mieux sur des balcons ensoleillés.

Plantation: semis. Semer à la mi-mars en petites vasques ou pots sur l'appui de fenêtre. Les graines germent déjà après 15 jours; on place ensuite les plantes dans de petits pots et dès la mi-mai dans des jardinières. Attention: attacher très rapidement les vrilles à des tuteurs ou des grillages, sinon elles s'emmêlent.

Soins: apport d'engrais hebdomadaire de juin à août. Pour obtenir une bonne croissance, un arrosage régulier est indispensable ainsi que l'élimination des fleurs fanées.

Multiplication: cf plantation.

A gauche: le liseron bleu.
A droite: l'ipomée tricolore.

Les fruits du haricot d'Espagne sont appréciés des gourmets.

successifs tous les 15 jours.
Soins: arrosage modéré, apport d'engrais 4 semaines après le semis, puis tous les 15 jours. Retirer régulièrement tout ce qui est fané.
Multiplication: voir plantation.

Haricot d'Espagne
Phaseolus coccineus

On trouve ces haricots dans les catalogues de jardinerie, car ils poussent comme les haricots à perche et sont comestibles: la variété à fleurs blanches "Désirée" (sans fils), "Mergoles" (sans fils), "Géant blanc" ou celles plus adaptées aux balcons: les "Polestar" rouges (sans fils) et les "Vainqueurs". Ils poussent rapidement.
Floraison: juin à septembre.
Situation: ensoleillée.
Plantation: de préférence semer directement dans les récipients prévus pour les recevoir par la suite, à partir de la mi-mai, 2-3 graines à 30 cm de distance. Terre riche.
Soins: après la germination, placer un treillis à maille, un grillage ou des fils. Au début de la floraison, apport d'engrais hebdomadaire.
Multiplication: cf plantation.

Pois de senteur
Lathyrus odoratus

On devrait jamais l'oublier, rien que pour leur parfum. Ses nombreuses variétés permettent aussi d'offrir une large gamme de couleurs. Les variétés grimpantes croissent le mieux sur un treillis de mailles. Il existe aussi des sortes naines, comme les "Knee-Hi-Mischung" (60 cm) ou les "Little Sweetheart" (20 cm) qui n'ont pas besoin d'être soutenues.
Floraison: juin à septembre.
Situation: ensoleillée.
Plantation: semis de début à fin avril, directement dans le récipient, par groupe de 2-3 graines, déposés dans de la terre humide, à une profondeur de 5 cm et distants de 20 cm. En cas de risque de gel, recouvrir de brindilles. Dès l'apparition des premières vrilles, placer un treillis de mailles. On recommande en général de procéder à des semis

Fleur de lotus

Lotus maculatus
"Golden Flash"

A l'opposé du *L. berthelotti* aux fleurs rouges, cette variété fleurit tout l'été, en donnant des fleurs dans les tons orange et cuivrés avec de longues vrilles pendantes.
Floraison: juin à septembre.
Situation: ensoleillée, pas de soleil direct.
Plantation: dès mai, dans une terre très riche.
Soins: arrosage régulier. Apport d'engrais de mai à août.
Multiplication: par boutures, de préférence après la floraison.

Plectranthrus

Plectranthus coleoides
"Marginata"

Proche de la variété plus ancienne à feuilles vertes et à croissance droite, cette variété convient aussi pour les paniers suspendus. Résiste souvent plusieurs années, peut passer l'hiver, mais il faut alors cultiver de nouvelles plantes obtenues par bouturage.
Floraison: l'effet provient des feuilles.
Situation: ensoleillée à mi-ombragée, claire en hiver, au chaud ou au frais, peut se garder comme plante d'appartement.
Plantation: à cause de sa forte croissance, a besoin de beaucoup de place autour de lui. Convient aussi pour les suspensions.

Soins: conserver une humidité modérée et apport d'engrais de mai à août. Rabattre avant le gel, transplanter au printemps.
Multiplication: boutures.

Quamoclit lobata

Cette plante grimpante aussi appelée *Ipomoea lobata* fleurit longtemps et convient aux plantations en espalier ou pour couvrir des grillages, grâce à ses longues vrilles pouvant atteindre jusqu'à 5 m.
Floraison: juillet à septembre.
Situation: ensoleillée, chaude.
Plantation: fin mai à 30 cm de distance, directement sur les tuteurs, car les vrilles apparaissent dès le début.
Soins: arrosage abondant, de mai à septembre arrosage hebdomadaire.
Multiplication: par semis de mars à mai sur l'appui de fenêtre ou dans des mini-serres à 18° C. Déposer 2-3 graines dans un petit pot.

Insolite et facile à cultiver: la *Quamoclit lobata*.

Rhodochiton atrosanguineus

Plante grimpante annuelle, qui soutenue, forme des "murs" de verdure serrée et couverts de fleurs. Convient aussi comme plante à suspendre.
Floraison: juillet à septembre.
Situation: ensoleillée.
Plantation: dès mi-mai dans une terre riche.
Soins: arroser abondamment en été. Apport d'engrais tous les 15 jours de juin à septembre.

Multiplication: par semis en mars sur l'appui de fenêtre ou dans une petite serre à 15-20 ° C.

Scaevola aemula 'Blue Fan'

Ces fleurs, qui résistent bien à la pluie, de couleur bleu-violet et en forme d'éventail, sont une des plus belles variétés de plantes à suspendre, avec des jets pouvant atteindre 60 cm.

Résistantes, elles se conservent longtemps.
Floraison: juin à octobre. On peut rabattre dès l'été, car en quelques jours, de nouveaux jets fleuris apparaissent.
Situation: ensoleillée.
Multiplication: par semis sur l'appui de fenêtre ou dans une petite serre à une température d'environ 18 ° C.

Pâquerette jaune
Thymophylla tenuiloba

Compagne idéale des pâquerettes bleues avec des feuilles aussi jolies et une floraison très longue.
Floraison: mai à septembre.
Situation: ensoleillée.
Plantation: dans une terre très riche. A ne placer qu'à côté de plantes à croissance lente. Convient aussi comme plante à suspendre.
Soins: garder modérément humide, les feuilles jaunissent si elles sont trop sèches ou trop humides. Apport d'engrais tous les 15 jours de juin à août. Retirer les parties fanées.
Multiplication: par semis de février à avril, dans de petites serres ou sur l'appui de fenêtre à 18-20° C.

La pâquerette jaune (*Thymophylla tenuiloba*) fleurit abondamment.

Plantation: dès la mi-mai, de préférence directement dans le pot à suspendre; trop jolie pour être placée avec d'autres plantes.

Soins: résiste mieux à une sécheresse passagère qu'à un excès d'eau. Donc, arrosage modéré. Apport d'engrais tous les 15 jours, jusqu'au début septembre; employer de l'engrais liquide à cause des radicelles très dures.

Multiplication: par boutures.

Melon de balcon (solanacée)
Solanum muricatum
"Pepino Gold"

Variété de solanacée qui, contrairement aux variétés bleues, est remarquable non seulement par ses fleurs mais aussi par l'apparition de fruits comestibles qui ont la saveur du melon. Les vrilles atteignent 45 cm.

Floraison: les fleurs sont de couleur lilas, les fruits apparaissent dès avril et sont mûrs en août.

Situation: ensoleillée à ombragée.

Plantation: dès mai, dans de larges pots à suspendre ou dans des jardinières larges et profondes. Ont besoin de beaucoup de place autour d'elles et d'une terre très riche.

Soins: engrais hebdomadaire quand les fruits arrivent. Ont besoin de beaucoup d'eau.

Multiplication: par semis et par boutures.

Thunbergie ailée
Thunbergia alata

Les pousses de la thunbergie ailée doivent être régulièrement nouées.

Cette plante grimpante très jolie, d'environ 1,5 m de haut, capte le regard par ses fleurs jaunes, orange ou blanches. Les vrilles s'enroulent très joliment autour des grillages, des tuteurs ou des treillis et grimpent allègrement.

Floraison: juin à octobre.

Situation: pour avoir une floraison abondante, les placer sur des balcons ensoleillés.

Plantation: les thunbergies demandent beaucoup de place, pour cela les placer à une distance de 40 cm. Dès la plantation, il faut placer un tuteur pour leur permettre de grimper.

Soins: ont besoin d'un arrosage régulier et d'être toujours bien attachées.

Plantes grimpantes

Là où il est nécessaire de se protéger des regards et lorsque l'espace ne manque pas, il est possible de créer un mur de verdure sur un balcon.

Il faut de grands récipients, de préférence des vasques rondes ou carrées en terre cuite, éternit ou argile, car ces plantes ont beaucoup plus de racines que les fleurs d'été. La terre doit être très riche et améliorée à l'engrais.

Pour les autres soins particuliers, il faut se référer au chapitre: " Arbrisseaux convenant pour toute l'année". Toutes les plantes grimpantes ne s'accrochent pas à un treillis ou à un mur. Seules deux sortes de vigne vierge collent littéralement au mur: *Parthenocissus quinquefolia* "Engelmannii" (uniquement cette espèce) et *P. tricuspidata* "Veitchii" (vigne-vierge de Veitch, ou lierre japonais) qui s'accroche même à des murs lisses. Le lierre ne pose pas de problème à cet égard. Les vrilles s'accrochent à l'aide de racines ventouses. A l'opposé

de toutes les autres plantes grimpantes, le lierre garde ses feuilles même en hiver.

Si l'on opte pour de belles fleurs, il faut se diriger vers les clématites qui existent en variétés à petites fleurs ou à grandes fleurs (*C. montana* "Rubens"). Lors de la plantation, il faut faire attention à ce

que les plantes soit mises profondément en terre et de biais pour que l'endroit de la greffe se trouve en dessous de la terre. De plus les pieds de la clématite doivent toujours se trouver à

Un mur de maison "tapissé" de vigne vierge et de roses grimpantes.

l'ombre, au frais et dans un endroit humide. Les clématites ne doivent jamais être placées du côté sud de la maison, et jamais près du mur mais au moins à 30 cm de distance.

La renouée (*Polygonum aubertii*) qui donne de nombreuses fleurs blanches au mois d'août est une plante grimpante particulièrement rapide qui, si elle se trouve dans un environnement adéquat, fait des vrilles qui atteignent jusqu'à 5 m de long. On peut soit laisser tomber les grappes en cascade à partir du balcon, soit au contraire les faire grimper sur des treillis le long des murs. Les rosiers grimpants quant à eux doivent être soutenus pour pouvoir attacher les jets souvent longs de plusieurs mètres. Pour cela, on peut utiliser des treillis, des pergolas ou tout simplement des fils (recouverts de matière synthétique) qui sont fixés au mur ou à des piquets en fer. Les jets des rosiers grimpants doivent être fixés aux fils horizontalement ou en éventail. Les rosiers grimpants demandent beaucoup d'engrais car ils possèdent une racine très forte à laquelle viennent s'ajouter de nouvelles pousses chaque année. La variété "Laura Ford", un mini rosier grimpant avec des fleurs dorées très parfumées, fait merveille ainsi que le "Compassion" à la croissance très lente (rose saumon), le "Golden shower" (jaune), l'"Ilse Couronne Supérieure" (blanc neige), le "Sympathie" (rouge écarlate).
La glycine est un vrai régal pour les yeux avec ses fleurs retombantes d'un bleu-violet (*Wisteria sinensis*), qui

Une des plus belles variétés de clématite: la *Clematis macropetala*.

garnissent les hauteurs pendant des semaines avec ses tiges grimpantes. L'on attache d'abord les vrilles à des grillages, à l'horizontale. Les glycines aiment le plein soleil et une terre riche. Mais elles ne peuvent jamais souffrir de la sécheresse. Autre point important: il faut réduire les vrilles pour qu'elles n'atteignent pas plus de 50 cm.

Un étang sur le balcon

Même un jardin aquatique peut trouver sa place sur un balcon ou sur une terrasse. On peut y faire fleurir des nénuphars et pourquoi pas voir quelques poissons s'y ébattre. Comme récipient, des baquets en bois, de vieux fûts à vin ou à bière coupés en deux conviennent parfaitement à condition de les rendre imperméables à l'eau. Pour plus de sécurité, on peut recouvrir l'intérieur du fût avec une fine feuille d'aluminium, qui le rend tout à fait imperméable. Les plantes, en général à croissance rapide, auront vite fait de la cacher.

Avantages des fûts en bois

L'avantage des fûts en bois réside dans leur côté décoratif et aussi dans le fait qu'ils peuvent rester dehors en hiver. Il vaut mieux laisser les récipients en bois à l'extérieur en hiver pour deux raisons: d'abord parce que le fait de devoir les rentrer en hiver n'est vraiment pas une mince affaire

Sur les balcons et les terrasses, les vieux fûts (et les neufs) jouent à l'étang miniature.

Les nénuphars nains sont ceux qui conviennent le mieux aux étangs de balcon.

et ensuite parce que les nénuphars ne supportent pas d'être transplantés chaque année. Pour protéger les fûts au maximum, il suffit de les entourer d'une épaisse couche de brindilles de sapin et de feuilles mortes, de recouvrir le tout d'une feuille de papier aluminium et de la maintenir avec des pierres. Les fûts en bois sont à préférer aux fûts en matière synthétique parce que l'eau ne s'y réchauffe pas aussi vite. Or les nénuphars ont besoin de beaucoup de soleil. Il faut renoncer aux poissons lorsque l'on met des nénuphars. Si l'on désire absolument en avoir, il faut prendre un deuxième fût et le planter de variétés qui demandent moins de soleil. A l'opposé des nénuphars qui ont besoin d'une vingtaine de centimètres de terre, cette deuxième sorte de plantes ne demande que 5 cm de terre, de sorte qu'il reste une grande surface d'eau disponible pour les poissons.

Nénuphars nains et assimilés

Pour ce type de fûts, ce sont les nénuphars nains qui conviennent le mieux, car ils n'ont besoin que de 20-30 cm d'eau au-dessus de leurs racines, comme le Cirpe de Muller "Zebrinus" avec ses tiges d'un demi-mètre de long, quadrillées de blanc et en forme de fouet. Si l'on dispose d'un baquet d'un mètre de diamètre, il pourra abriter du plantain d'eau (*Alisma plantagoaquatica*), qui est recouvert de juillet à septembre de nombreuses panicules blanches. Bon nombre de plantes aquatiques ou flottantes à la floraison intéressante transforment un balcon en curiosité botanique.

Planter et nourrir

La plantation est simple. Elle se fait dans une couche de terre spéciale pour jardins aquatiques, déjà enrichie, d'environ 20 cm de profondeur.
On ajoute ensuite une couche de 2 cm de gravier, pour que l'eau reste propre, ce qui contribue aussi à permettre un bon enracinement aux plantes. Si la croissance se révélait insuffisante, il faudrait alors penser à apporter de l'engrais, de préférence sous forme de comprimés que l'on trouve en général sans problème dans le commerce.

Planter et soigner

Les récipients pour plantes

La fantaisie et l'originalité sont de mise dans le choix des récipients destinés à recevoir les plantations de toutes les saisons. Ce n'est que pour les récipients qui doivent être déposés sur des appuis de fenêtre ou sur des balcons qu'il

faut absolument se limiter à des jardinières rectangulaires. En ce qui concerne le matériau, la préférence est donnée à l'éternit, à la terre cuite ou au synthétique plutôt qu'au bois, qui ne résiste pas longtemps aux arrosages et voit de ce fait sa longévité fortement diminuée. Si néanmoins vous ne désirez pas renoncer aux bacs en bois, il faut les acheter imprégnés sous pression. Les récipients pour balcon en ciment ou en béton ne sont pas maniables à cause de leur poids. On peut recommander les réci-

Les jardineries offrent un vaste choix de bacs à plantes.

Belle mais chère, une ancienne auge à bétail

pients en matière synthétique car, outre leur légèreté, ils chauffent vite et donnent ainsi de la chaleur autour des racines des plantes de balcon; à condition d'être souvent arrosées, celles-ci apprécient généralement beaucoup. Les bacs en éternit sont également bien adaptés car ils résistent aussi bien à l'humidité qu'aux brusques changements de température. Si vous devez acheter de nouvelles jardinières, préférez celles de forme conique, légèrement plus étroites vers le bas, ce qui facilite grandement le transport et le rangement

Les amoureux de l'Extrême-Orient trouveront des céramiques thaïlandaises dans une multitude de formes et de couleurs.

(elles se laissent facilement empiler). Le poids peut être un facteur important, surtout s'il faut retirer les jardinières du balcon pour les poser sur le sol dès les premières gelées, ou au contraire les y amener dès le début du printemps.

Lors du choix des bacs, veillez à ce qu'ils soient pourvus d'un trou pour l'évacuation de l'eau. Sinon la terre s'acidifie rapidement, ce qui amène des maladies au niveau des racines et provoque un ralentissement ou un arrêt de la croissance. Les trous ne sont pas nécessaires si les jardinières sont disposées à plat sur des cales en bois ou des socles prévus à cet effet et qui les font pencher légèrement au-dessus du rebord du balcon. Très souvent, on s'imagine que des plantes à croissance rapide, qui demandent beaucoup

d'engrais, peuvent rester des mois dans de petits récipients. Cela suppose alors de laisser beaucoup d'espace disponible dans les jardinières et d'avoir une hauteur minimum de 20-25 cm. Comme la terre se dessèche rapidement dans des jardinières de petite taille, il est nécessaire de les arroser plus souvent. Si l'on ne dispose que de petites jardinières, il faut limiter le nombre de plantes. On remarque qu'en général, les plantes sont placées trop serrées et même l'apport d'engrais régulier n'améliore pas la situation.

Celui qui dispose d'assez de place pour pouvoir disposer sur son balcon des vasques et des bacs à fleurs doit s'estimer très heureux. Il n'aura que l'embarras du choix en matière de récipients de jardin entre les

vasques en grès travaillées à la main, les anciens abreuvoirs, les fûts et les brouettes. C'est en fait la place dont on dispose qui est l'élément décisif du choix. Si l'on choisit de planter des plantes vivaces ou rustiques, il est important de bien choisir les bacs, car ils devront plaire pendant des années. Ils ne doivent pas non plus être trop lourds pour pouvoir être bougés sans problème par la suite.

Il faut toujours préférer un récipient plus grand à un plus petit, car un petit espace ne permettra pas aux fleurs de se développer convenablement. Les plantes auront tendance à se dessécher et à geler en hiver. Ce danger existe surtout pour les récipients en matière synthétique, c'est pourquoi le choix doit s'orienter vers des vasques en éternit, terre cuite, céramique ou bois.

Jardinières autonomes

Celui qui n'a pas une voisine disponible pour l'arrosage des bacs pendant les vacances a parfois bien du mal à conserver ses plantes. Peu de gens partent en vacances en hiver, période de repos pour les plantes, mais bien en été, époque où il fait le plus chaud et où les jardinières se dessèchent particulièrement vite et où le besoin en eau des plantes est le plus grand. La solution à ce problème d'arrosage est l'emploi de bacs à réserve d'eau. Les jardineries en offrent plusieurs systèmes, de différentes couleurs et tailles. Ils ne s'emploient pas uniquement en période de vacances: ils permettent d'apporter aux plantes pendant toute l'année une quantité régulière d'eau, et donc de leur procurer une humidité constan-

te sans période de sécheresse ou d'excès d'humidité.

Les bacs à double fond

Un de ces systèmes fonctionne selon le principe suivant: un double fond rempli d'eau maintient le récipient contenant la plante dans une réserve d'eau. Cette réserve est reliée à une ouverture munie d'une petite fenêtre transparente qui permet d'en contrôler le niveau. Des mèches de succion passent du double fond vers la terre et lui apportent l'humidité nécessaire. Important: contrôler le niveau d'eau.

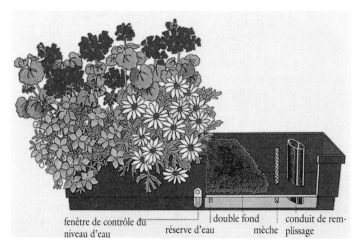

fenêtre de contrôle du niveau d'eau   réserve d'eau   double fond   mèche   conduit de remplissage

Le système "Oasis" approvisionne les fleurs en eau grâce à des mèches.

La réserve d'eau dans le double fond, suffit à alimenter le récipient en eau pendant longtemps.

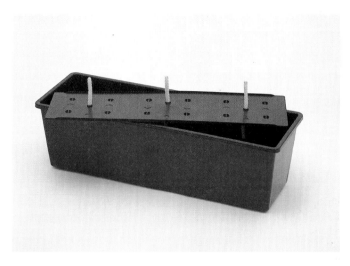

La jardinière

Les bacs sont en matériau résistant aux chocs et incassable, possèdent des parois doubles et creuses qui, pour un bac d'une longueur de 100 cm, sont de 20 cm de haut pour 20 cm de profondeur et peuvent contenir jusqu'à 12 litres de solution nutritive. Par des ouvertures aménagées entre les deux fonds, la solution nutritive passe vers les racines, selon les besoins de la plante. La capacité d'une "jardinière" de 20 l de terreau pour plantes peut emmagasiner environ 4 l d'eau. De ce fait, la réserve d'eau totale tourne autour des 16 litres.

La "jardinière" est préparée pour résister à un autre caprice du temps: l'apport excessif d'eau, par exemple lors de pluies continues, car l'eau s'écoule par des tuyaux dans le fond du bac. Un autre avantage: lorsque plusieurs bacs sont placés côte à côte, le remplissage peut se faire à partir d'une ouverture centrale. Les bacs sont reliés entre eux par des tronçons de tuyau d'arrosage. Pour faciliter encore la tâche, l'on peut passer à un système automatique d'arrosage : une vanne flottante intégrée est simplement raccordée à un robinet.

Le goutte-à-goutte

Ce système d'arrosage est basé sur des senseurs en céramique, qui réagissent à la capacité de succion des plantes. Plus la puissance de succion des racines est grande, lorsque la terre est sèche, plus la tension dans la terre est grande. Cette tension est transmise par une membrane à ressort à la tête d'arrosage, ce qui provoque l'ouverture de la vanne du tuyau d'écoulement. Lorsque la terre est suffisamment humide, la tension provoquée par la succion des racines se relâche et la vanne se referme automatiquement. Lorsque le bac à plantes est grand, il faut bien sûr plusieurs corps d'arrosage, qui sont reliés entre eux par de fins tuyaux.

De cette manière, on peut arroser de manière optimale dans un même bac plusieurs plantes qui ont des besoins différents en eau. Tous les goutte-à-goutte d'une installation réagissent indépendamment les uns des autres. Par ce système de goutte-à-goutte, et donc avec un dosage très lent, les plantes peuvent éventuellement profiter d'un apport d'eau chaude. Le système d'arrosage est alimenté par les canalisations d'eau normales ou par un réservoir placé plus haut. Le meilleur système est le raccord avec un robinet normal, muni d'un réducteur de pression, qui est livré avec le système et qui permet de faire descendre la pression de l'eau à 1 bar (= pression max. d'eau autorisée). C'est de cette manière que les bacs à fleurs peuvent être arrosés jusqu'à une hauteur de 4 m.

139

Si c'est un réservoir en hauteur qui est employé, pour une longueur de tuyaux de 5 m, le réservoir doit se trouver au moins 0,5 m plus haut que le bac sur le balcon. Pour 10 m de tuyau, il faut compter 1 m de différence et ainsi de suite. Pour un bac de balcon d'une longueur de 100 cm et d'une largeur de 20 cm, il faut compter 4 systèmes de goutte-à-goutte et pour une caisse de 40 à 50 cm de diamètre, il faut 3 systèmes.

Hydroculture pour les plantes de balcon

La manière idéale pour obtenir un arrosage de longue durée est l'hydroculture, qui trouve une belle application avec les bacs de balcon et autres récipients à fleurs.
Le système sur lequel fonctionne l'hydroculture est simple. Les plantes sont disposées dans le pot, sur une couche d'argile expansée dont le seul but est de maintenir la plante droite.
Les problèmes d'arrosage sont inexistants. Les plantes prennent autant d'eau qu'il leur est nécessaire, cela pendant 2-4 semaines. Un indicateur de niveau d'eau contrôle la situation et permet ainsi un entretien optimal des plantes.

Le réservoir à eau est un récipient fermé, bac ou jardinière, pourvu d'un trou permettant l'écoulement du trop-plein d'eau.
Préparation du bac à fleurs prévu: fermer tous les trous du fond avec un bouchon en liège ou avec du plâtre, puis forer un trou dans une des parois latérales à 4 cm de hauteur (mesuré à partir du bas) pour un bac de 20 cm, c'est à dire un cinquième de la hauteur totale, remplir ensuite avec une épaisse couche de billes d'argile expansée, déposer les plantes à radicelles dessus et continuer à remplir avec de l'argile expansée de manière à laisser un bord d'arrosage, verser l'eau, jusqu'à ce qu'elle s'écoule par le trou réalisé pour le trop plein.
Ajouter de l'eau le lendemain et par la suite contrôler le niveau grâce à l'indicateur de niveau d'eau.

Principe tout simple: le goutte-à-goutte

Trop d'humidité entraîne le flétrissement des feuilles et ensuite la mort de toute la plante. Il faut dès lors toujours bien contrôler la quantité d'eau. Pas nécessaire pour les jardinières autonomes.

Des jardinières solidement accrochées

Certains bacs à fleurs sont accrochés ou déposés sur un appui de fenêtre, sans balcon derrière eux. Parfois aussi ils sont déposés sur un balcon. Ce type de jardinières demande un système de fixation solide. On vend dans le commerce plusieurs sortes de crémaillères servant à attacher solidement les bacs à fleurs aux balcons. Certains empêchent le bac de se renverser, soutiennent le fond ou sont pourvus de renforts latéraux si la fixation est très raide.

Ces crémaillères sont réglables en largeur et en hauteur, de manière à s'adapter à tous les types de jardinières, quelle que soit leur taille: ils peuvent avoir la forme d'un H, soit on le dépose sur un mur, et on le monte sur un rebord de fenêtre soit on consolide l'attache à un mur. Pour les bacs fixés aux étages supérieurs d'un immeuble, il faut les déposer dans des récipients en zinc ou en matière

synthétique pour éviter que les passants ne reçoivent sur la tête un set complet de jardinière. Les bacs de fenêtre accueillent les mêmes plantes que les jardinières et les bacs de balcon et demandent des soins identiques.

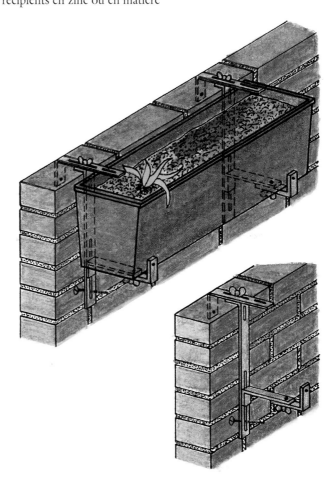

Seules les jardinières munies d'un système les empêchant de se renverser sont réellement sûres.

L'endroit idéal : soleil, mi-ombre et ombre

Beaucoup de plantes aiment le plein soleil : toutes les variétés de géraniums, les ageratums et les lobélies, les bégonias à la floraison continue, les calcéolaires jaunes, les pétunias et les tagètes.

Il ne faut pas nécessairement leur trouver une place du côté sud, quelques heures de soleil pendant la journée leur suffisent s'ils sont placés dans la mi-ombre.

Car la question n'est pas de recevoir du soleil ou de l'ombre mais bien plus du soleil **et** de l'ombre. Car le soleil bouge dans le ciel, le feuillage des arbres adoucit la lumière et la majorité des plantes sont, en ce qui concerne leur situation, très flexibles. Ainsi le fuchsia, qui apprécie l'ombre, ne se déplaît pas à un endroit mi-ombragé où il reçoit du soleil quelques heures le matin et le soir. Il en va de même pour les bégonias tubéreux, les impatientes, les géraniums, les pétunias, les calcéolaires, lobélies, héliotropes, plantes avides de soleil mais qui poussent aussi très bien dans un endroit ombragé.

Certaines plantes ont cependant des exigences quant à leur place: ainsi les géraniums n'aiment pas l'ombre, ils se sentent mieux dans la mi-ombre tout comme d'ailleurs les pétunias et les calcéolaires.

Les plantes fleurissent aussi à l'ombre

A l'ombre, ou aux endroits où le soleil ne fait que passer, les fuchsias sont plus beaux que nulle part ailleurs. Rien que pour la beauté des fuchsias, il faudrait rechercher les coins d'ombre sur le balcon ou sur la terrasse pour que chacun puisse profiter de ces merveilleuses plantes. Les impatientes fleuriront ici aussi tout l'été,

offrant une multitude de coloris. Elles s'harmonisent parfaitement avec les bégonias tubéreux et leurs boules de fleurs serrées, tout comme avec le bégonia Elatior, un autre superbe exemplaire de la famille des bégonias.

Certaines plantes sont très sensibles au vent, qui détruit leurs vrilles et leurs fleurs (voir liste). Par contre, d'autres restent indifférentes aux attaques du vent, les ageratums, zinnias et autres. Le vent glisse sur elles sans laisser de trace.

Plantes pour balcons qui recherchent et supportent le soleil

Ageratum, *Ageratum*
Amarante, *Amarantus caudatus*
Muflier grimpant, *Asarina barclaiana*
Aster, *Astericus*
Bégonia, *Begonia semperflorens*
Bégonia Elatior, *Begonia Elatior-Hybride*
Pâquerette bleue, *Brachysome*
Browallia, *Browallia*
Calcéolaire, *Calceolaria integrifolia*
Campanule, *Campanula isophylla*
Célosie argentée, *Celosia argentea*
Marguerite, *Chrysanthenum maximum*
Marguerite naine, *Chrysanthenum multicaule*
Marguerite naine blanche, *Chrysanthenum paludosum*
Marguerite dorée, *Chrysanthenum parthenium*
Heeria, *Centradenie*
Cobée, *Cobea scanders*
Dahlia, *Dahlia-Hybride*
Coleus, *Coleus-Hybride*
Courge, *Cucurbita*
Œillet de Chine, *Dianthus chinensis*
Dimorphotèque, *Dimorphoteca sinuata*

Bignone du Chili, *Eccremocarpus*
Pâquerette bleue, *Erigon Karvinskianus*
Liseron bleu, *Evolvulus arbuscula*
Aster du Cap, *Felicia*
Gazanie dorée, *Gazania-Hybride*
Héliotrope, *Heliotrop*
Houblon, *Humulus scandens*
Ipomée, *Ipomea scandens*
Lantanier, *Lantana-Camara-Hybride*
Pois de senteur, *Lathyrus*
Lobélie, *Lobelia erinus*
Corbeille d'argent, *Lobularia maritima*
Melampodium paludosum
Tabac, *Nicotiana*
Géranium, *Pelargonium*
Pétunia, *Petunia-hybride*
Haricot d'Espagne, *Phaesaeolus coccineus*
Plectranthus, *Plectranthus coleoloides*
Phlox annuel, *Phlox drummondii*
Quamoclit lobata
Rhodochiton
Salvia, *Salvia splendens*
Zinnia, *Sanvitalia procumbens*
Scaevola aemula
Schizanthus, *Schizanthus-Wisentonensis-hybride*
Cinéraire, *Senecio bicolor*
Melon de balcon, *Solanum muricatum*
Tagète, *Tagetes*
Thunbergie, *Thunbergia alata*
Capucine, *Tropaeolum*
Pâquerette jaune, *Thymophylla tenuiloba*
Verveine, *Verbena-Hybride*
Zinnia, *Zinnia*

Aiment le soleil: les calcéolaires, héliotropes et lobélies (mais aussi la mi-ombre).

Plantes pour balcons qui supportent le soleil et qui poussent bien à la mi-ombre

Bégonia florifère, *Begonia semper-florens*
Bégonia-Elatior, *Begonia elatior*-hybride
Bégonia tubéreux, *Begonia*-hybriden
Grande marguerite, *Chrysanthemum maximum*
Chrysanthemum paludosum
Grande camomille, *Chrysanthemum parthenium*
Cobaea scandens
Coloquinte, *Cucurbita pepo*
Dahlia, *Dahlia*-hybrides

Evolvulus arbuscula
Fuchsia, *Fuchsia*-hybrides
Houblon japonais, *Humulus scandens*
Impatiente, *Impatiens walleriana*
Impatiente de Nouvelle-Guinée, (*Impatiens*-Nieuw-Guinea-hybrides)
Lobélie, *Lobelia erinus*
Alysse, *Lobularia maritima*
Géranium, *Pelargonium*
Pétunia, *Petunia*-hybrides
Plectranthus, *Plectranthus coleoides Solanum muricatum*
Capucine, *Tropaeolum majus*

Plantes pour balcons qui supportent l'ombre et la mi-ombre avec du soleil le matin et le soir

Bégonia-Elatior
Bégonia florifère
Impatiente, *Impatiens*
Impatiente de Nouvelle-Guinée
Fuchsia, *Fuchsia*-hybrides

Pour la mi-ombre: lobélies, et bégonias.

Plantes pour balcons qui doivent être protégées du vent

Queue de chat pendante, *Acalypha pendula*
Amarante, *Amarantus caudatus*
Asarina barclaiana
Brachycome multifada
Campanule, *Campanula carpatica*
Cobaea scandens
Eccremocarpus scaber
Tabac, *Nicotiana sanderae*
Rhodochiton atrosanguineus
Salvia, *Salvia splendens*
*Schizanthus wisetonensis-*hybrides

Plantes pour balcons qui supportent le vent

Ageratum, *Ageratum houstonianum*
Bégonia florifère, *Begonia -semper-florens*
Grande marguerite, *Chrysanthemum maximum*
Chrysanthemum multicaule et *C. paludosum*
Gazanie, *Gazania*-hybrides
Impatiente, *Impatiens walleriana*
Linnia rampant, *Sanvitalia procumbens*
Verveine, *Verbena*-hybrides

Certaines plantes doivent être protégées du vent.

Comment réussir la plantation

La majorité des fleurs à bulbe, les fleurs de début de printemps comme les pensées, les myosotis et les primevères, les plantes aquatiques et les arbustes décoratifs, sont insensibles au gel pour peu qu'il ne règne pas un froid sibérien. Les "vraies" plantes de balcon, c'est-à-dire les géraniums et les fuchsias, les fleurs annuelles et les plantes en conteneurs, doivent attendre, avant d'être plantées ou de réapparaître sur la terrasse ou le balcon, la fin de la période que l'on désigne du terme assez vague de "saints de glace" (12-15 mai) pour être certaines de ne plus subir de gelées tardives ou de coups de froid. Dans le récipient, on place d'abord une couche d'1 cm d'épaisseur de tessons de pots cassés, de cailloux de taille moyenne ou si l'on fait de l'hydroculture des billes de basalte de la grosseur d'un grain. Cela permet de régulariser l'écoulement d'eau. Sans cette couche de drainage, les trous d'évacuation d'eau peuvent se boucher. Il est bon de renouveler la terre chaque année car il n'est plus possible d'améliorer l'ancienne terre à cause des arrosages trop fréquents et des apports continus d'engrais. Le mieux est de choisir un terreau déjà enrichi. Le premier apport d'engrais ne doit se faire qu'après 4-6

semaines. Celui qui possède un jardin et un compost peut mélanger la terre lui-même. Voici la recette: terre de compost, à laquelle on ajoute du sable fin pour améliorer la perméabilité de la terre et l'écoulement de l'eau, avec en plus de l'humus de copeaux d'écorce dans une proportion représentant le tiers du volume total de la terre.
Le sable peut aussi être remplacé par des flocons de styropore (de 4-8 mm d'épaisseur); ils allègent la terre et ne sont pas nocifs. La terre que l'on compose soi-même a besoin d'un apport d'engrais

supplémentaire. Pour cela, utiliser un engrais complet minéral et organique dans une proportion de 50-80 g par litre de terre. La terre ne doit pas être trop sèche, ni trop humide; le récipient ne doit pas être rempli complètement. Il faut conserver un bord d'arrosage de 2-3 cm de haut en haut du pot pour que l'eau ne déborde pas lors de l'arrosage. Les plantes doivent être plantées 10-15 cm plus profondément que dans le pot. Une des règles d'or de la transplantation: ne pas planter trop serré! Une jardinière de balcon doit présenter le même aspect qu'un

jardin nouvellement planté, c'est-à-dire planté pas trop dru mais en laissant l'espace nécessaire à la croissance. Les plantes trop serrées s'épuisent aussi très rapidement à cause de l'apport d'engrais. En plaçant les plantes retombantes comme les géraniums lierres, les pétunias tombants et les œillets tombants de biais, on ne contrarie pas leur croissance naturelle.

**Prévoir un bord pour l'arrosage, quand on remplit avec de la terre.
A droite: défaire les racines.**

Le meilleur moment pour planter est un jour de grisaille ou le soir.

Si la période de beau temps continue, il faut placer les pots fraîchement plantés, pendant au moins une journée à l'ombre et puis seulement à leur endroit définitif.

Pour terminer la plantation, il ne faut surtout ne pas oublier d'arroser copieusement et de vaporiser légèrement les feuilles. Aux endroits fortement ensoleillés, on peut placer des feuilles de papier journal pour tamiser l'ardeur du soleil.

On peut aussi employer un écran solaire qui est en matière synthétique.

Si l'on veut commencer les plantations en avril et que des gelées sont encore possibles, il faut recouvrir ses bacs à plantes avec une feuille préalablement humidifiée, de sorte que les pores se ferment en cas de gel. La feuille de protection en matière synthétique s'emploie pendant des années.

L'arrosage idéal

Comme pour l'arrosage des plantes d'appartement, l'arrosage des fleurs et plantes de jardinières ne répond pas toujours à des règles très strictes. Il y a les besoins spécifiques des plantes, la situation et l'orientation du balcon ou de la terrasse et bien entendu les conditions atmosphériques qu'il ne faut pas négliger. Il vaut mieux oublier les règles du genre "arroser deux à trois fois par semaine", mais veiller à conserver une certaine humidité de la terre, car les plantes poussant dans de petits récipients sont plus sujettes au dessèchement. Il peut arriver que par un jour d'été excessivement chaud, les fleurs doivent être arrosées deux fois. Par temps gris ou par temps de pluie, on peut carrément annuler l'arrosage. Les géraniums en particulier souffrent de la stagnation d'eau et il faut autant l'éviter que la séche-resse; des fleurs et tiges fanées occasionnelles ne nuisent pas à la croissance générale.

L'arrosage ne doit pas se faire au compte-gouttes mais l'eau doit bien pénétrer, surtout si la terre est un peu desséchée. Les fleurs ne doivent jamais être en contact avec l'eau d'arrosage, cela provoquerait l'apparition de taches. L'arrosage et la vaporisation des plantes sans fleur doit se faire le soir car c'est à ce moment que la terre et les plantes peuvent réellement se gorger d'eau. Si l'on arrose le matin ou pendant la journée, une bonne partie de l'humidité part en évaporation. Arroser le soir représente une réelle économie d'eau et d'argent.

 Si les bacs et les jardinières sont fixés dans les étages supérieurs, il faut placer les récipients sur une plaque de protection en zinc ou en matière synthétique pour empêcher qu'en période de forte chaleur, l'eau d'arrosage ne passe par les trous d'évacuation et ne vienne arroser les personnes des étages inférieurs.

Les fleurs de printemps préfèrent être arrosées le matin. C'est meilleur pour leurs racines qui doivent sinon passer la nuit mouillées et refroidies par l'eau reçue.

Un arrosage régulier est nécessaire.

L'engrais

La majorité des terreaux pour plantes que l'on trouve dans le commerce sont prêts à l'emploi et contiennent les éléments nutritifs nécessaires aux 4 à 6 premières semaines qui suivent la plantation, de sorte que pour une plantation réalisée vers le 10 mai, il ne faudra apporter de l'engrais que vers fin juin. Ce n'est que grâce à un nouveau substrat que l'on peut apporter suffisamment d'éléments nutritifs et régler l'apport d'engrais nécessaire. Si l'on prépare soi-même un terreau en mélangeant du compost, du sable et de l'humus d'écorce, il faut absolument ajouter un engrais riche en minéraux et en matières organiques, dans une quantité d'environ 50-80 g par litre de terre.

Pour ce genre de terre, il suffit de rajouter après 8-10 semaines un engrais réel, de préférence liquide.

Un engrais liquide est toujours à conseiller, ou alors, un engrais solide dissous dans de l'eau, car les éléments nutritifs sont directement absorbés par la plante.

Comment constate-t-on les déficits? : le dessous des feuilles jaunit. Les géraniums par exemple changent de couleur, les bords rougissent, les feuilles du bas jaunissent, alors que les parties supérieures continuent à grandir, tout ceci indique un manque d'engrais.

Le dosage reste près de 0,2%; des concentrations plus élevées

Sans engrais, pas de balcon fleuri!

pourraient devenir nuisibles. La quantité et la fréquence de l'apport d'engrais dépend du développement individuel des plantes.

En règle générale, l'apport d'engrais se fait toutes les une à deux semaines, mais c'est le jardinier qui doit décider de la fréquence d'après les circonstances particulières.

Les plantes de printemps reçoivent de l'engrais une à deux fois, les plantes à fleurs annuelles ou vivaces, dont les géraniums et les fuchsias, reçoivent de l'engrais tout l'été, jusqu'à fin août -début septembre. L'apport d'engrais se termine en août pour les arbustes nains en des bacs. Les bruyères et les chrysanthèmes ne demandent pas d'engrais.

Les derniers engrais sont ajoutés début septembre, pour empêcher une nouvelle croissance pendant les premières semaines d'automne, ce qui empêche les plantes d'atteindre la maturité, avec le risque de ne pas les voir supporter l'hiver.

L'hivernage

Pour être certain de pouvoir profiter l'année suivante des plantes que l'on a fait hiverner, et de les voir retrouver une croissance et une floraison abondante, il faut leur faire passer l'hiver dans un endroit adéquat après les avoir rabattues de manière correcte. La cave doit être aussi claire que possible, le thermomètre jamais au-dessus de 8° C; des températures situées entre 5° C et 6° C sont idéales. Les géraniums doivent être régulièrement "nettoyés" c'est-à-dire que les feuilles fanées doivent

être retirées. Si un tel endroit n'est pas disponible, il faut laisser la fenêtre de la cave ouverte et prévoir un arrosage tous les quinze jours ainsi qu'une vaporisation du sol. Dans les caves chaudes, il faut absolument essayer de trouver un endroit clair. Les géraniums et les fuchsias passent l'hiver de préférence dans des jardinières de balcon. Vers fin février, et jusque début mars, ils peuvent être retirés sans crainte d'abîmer leurs racines et peuvent être replacés dans les jardinières contenant de la nouvelle terre. Placer ensuite les jardinières à l'endroit le plus clair et égale-

L'endroit idéal pour faire passer l'hiver aux plantes est une serre ou un jardin d'hiver.

ment légèrement plus chaud (jusqu'à 15° C) en augmentant la quantité d'eau d'après la croissance des jeunes pousses et la température ambiante.

Quartiers d'hiver pour plantes en pots

Les plantes en pots se sentent le mieux dans un endroit à peine chauffé et très clair: cave, grenier ou buanderie. Si les températures et la luminosité sont correctes, le séjour dans un garage peut parfois donner de bons résultats.

Les arrosages doivent être limités. Les lys, les agaves et les figuiers de barbarie n'ont pratiquement pas besoin d'eau de tout l'hiver. Les plantes qui gardent beaucoup de feuilles pendant l'hiver, comme les lauriers-roses, les dracaenas, les palmiers-dattiers et autres plantes toujours vertes, doivent être plus arrosées que les plantes qui perdent leurs feuilles, comme les bougainvillées et les lys. Beaucoup d'amateurs placent leurs plantes en pot dans un hall éclairé, dans une cage d'escalier, près d'une fenêtre; les marguerites par exemple peuvent de cette manière continuer à fleurir tout l'hiver. Dans ce cas, elles ne doivent pas être recoupées. Le meilleur endroit pour passer l'hiver est bien entendu une serre. Il est difficile de disposer d'une serre chez soi, mais de nombreuses jardineries proposent de faire hiverner vos plantes chez elles. Il suffit de passer un contrat avec le jardinier, reprenant le nom de la plante, une description de son état, l'indication d'un remplacement éventuel, la durée de la garde et le coût.

La taille

La taille des géraniums, fuchsias, marguerites, trompettes du jugement (*Datura*) se fait avant de les rentrer, pour stopper définitivement un développement ultérieur de la plante. Les géraniums sont coupés à 4 ou 5 "yeux" (ce sont des renflements facilement visibles sur les tiges), les fuchsias et les marguerites sont coupés de moitié, les *Datura*, encore plus. Si au printemps et malgré leur séjour dans une cave claire et fraîche, ils ont développé des jets herbacés de 8 cm et plus, il faut les soutenir par des tuteurs pour obtenir par la suite une plante buissonnante.

Rabattre les plantes avant l'hiver permet de dégager le balcon.

En hiver, l'arrosage est très limité.

Multiplication des plantes de balcon

Par boutures

Lorsque après l'hivernage, certaines plantes de balcon, des géraniums, des fuchsias ou des calcéolaires, sont devenues trop ternes, il faut essayer d'obtenir de nouvelles plantes par bouturage. Pour les géraniums, cette technique permet de remplacer un hivernage qui n'est pas toujours évident à réaliser. De plus, les plantes qui ont passé l'hiver ont un air parfois "misérable" et fleurissent beaucoup plus tard.

Pour les géraniums et autres plantes vivaces, il faut couper avec un couteau tranchant ce que l'on appelle des boutures de tête, c'est-à-dire des pousses pointues qui ont déjà 3-5 paires de feuilles. La coupe se fait au ras de la dernière feuille. Retirez ensuite tous les nœuds et, pour les géraniums, raccourcissez les deux dernières feuilles de moitié pour diminuer la surface d'évaporation. Laissez les boutures pendant une heure, pour les géraniums encore plus longtemps pour que l'endroit de la coupure puisse sécher. Ensuite les boutures sont placées dans des pots à fleurs, ou des coupes, où les boutures peuvent continuer à pousser sans être dérangées jusqu'au moment où elles seront

replantées dans de plus grands pots ou jardinières. Le substrat est une terre à semis ordinaire que l'on trouve dans le commerce (ou une terre prête à l'emploi pour plantes) mais qui doit absolument être mélangée à du sable dans une proportion de 50-50. La meilleure période pour bouturer est le mois d'août car les boutures ont encore le temps de faire des racines avant l'hiver. La température idéale pour réaliser des boutures se situe entre 18 et 20° C. Les pots contenant les boutures sont ensuite recouverts d'une feuille de matière synthétique encore appelée

"feuille de croissance"; jusqu'en automne, il faut les garder assez humides et les placer en hiver dans un endroit clair et pas trop chaud (8-10° C). Les boutures ne devraient presque pas pousser en hiver. Au printemps, les boutures sont transplantées dans de grands pots, la tête est coupée pour provoquer l'apparition de tiges secondaires.

Par semis

Un grand nombre de fleurs annuelles (voir 'Tableau des plus belles plantes en pots') s'obtiennent par semis, en culture préalable, et nettement moins par semis sur place, ce qui n'est possible que pour les alysses (*Lobularia maritima*) et les résédas.

Par semis, le jardinier entend des semis en pots, ou en bacs à semis, au chaud, c'est-à-dire à une température ambiante de 18-22° C. Celui qui dispose

Pour le bouturage, il faut mélanger le terreau à du sable (à gauche), ensuite recouvrir le récipient avec une feuille plastique.

d'une petite serre chaude peut évidemment l'utiliser pour réaliser ses semis.

Comment semer: remplissez le bac avec du terreau pour semis (que l'on trouve dans le commerce), et appuyez légèrement sur la terre à l'aide d'une petite planche ou avec les mains.

N'importe quel récipient peut être employé pour les semis. L'important est de bien les marquer.

Répartissez ensuite les semences d'une manière régulière et en fine couche, appuyez légèrement sur les semences et, sauf indication contraire sur le sachet de semences, recouvrez-les de 0,5 cm de terre et vaporisez légèrement avec de l'eau. Le succès du semis dépend de la qualité de la semence, du choix de la température de germination et du moment exact du semis. Les indications se trouvent sur le sachet. Il est recommandé de semer dans un endroit qu'il est possible de chauffer. Lorsque les plantes ont environ 3-5 cm de haut, elles sont divisées et plantées individuellement dans de petits pots, dans lesquels elles restent jusqu'au printemps, au moment où elles seront transplantées dans les jardinières.

Attention lors du semis des pensées: il faut semer de juillet à août, à une température de 15-18° C. Si la température grimpe trop à ce moment-là, il faut placer le semis (réalisé dans des plateaux peu profonds) à l'ombre et le recouvrir de sacs de jute humidifiés ou de feuilles servant à créer de l'ombre. Lorsque la germination a réussi (environ 15 jours), retirez les sacs et laissez les semis à l'ombre. Il faut frotter les graines sur la paume de la main avec du sable légèrement humidifié pour qu'elles germent convenablement. On élimine un film huileux qui entoure la semence et qui ralentit la germination.

La graine est déposée à plat dans la terre de semis déjà humidifiée.

Plantes en pots pour balcon ou terrasse

Ce qui d'année en année attire de nombreux touristes vers les pays du sud, vous pouvez le créer sur votre terrasse ou votre balcon au moins pendant la saison la plus chaude: vous retrouverez le charme et la floraison inégalable des plantes en provenance du sud ou des régions tropicales. Parmi les plantes en pot on ne compte pas seulement les lauriers-roses, les agaves et les palmiers, mais aussi les marguerites à haute tige qui forment une superbe couronne de fleurs, ressemblant à une prairie arrondie.

Cet ensemble de plantes peut aussi s'enrichir de plantes annuelles, d'arbustes décoratifs ou de plantes d'intérieur résistantes comme les hortensias, le myrte et les sapins d'intérieur, ainsi que les plantes de balcon traditionnelles. Chaque fleur qui pousse dans un récipient que l'on peut placer et déplacer sur la terrasse ou le balcon est en fait une plante en pot. Même les plantes grimpantes peuvent être considérées comme des plantes en pot, comme les bougainvillées et les fleurs de la passion.

La plupart des plantes en pot aiment un endroit ensoleillé. Malheureusement un grand nombre de balcons et de terrasses se trouvent à l'ombre. Les impatientes, les fuchsias et les bégonias tubéreux y fleurissent abondamment ainsi qu'un certain nombre de plantes en pots. Les aucubas aux feuilles colorées aiment les endroits où l'ensoleillement est limité, tout comme les yuccas et les lauriers, les aralies et les *Abutilon*.

Avec les plantes en pots, chaque terrasse se transforme en jardin fleuri.

Les plantes en pots en pratique

Terre et transplantation

Les plantes en pots ont besoin d'être rempotées tous les 3-4 ans. On peut facilement réaliser le terreau qui est nécessaire en réalisant un mélange à base de compost, d'humus d'écorce et de sable. Un engrais complet organique-minéral doit être ajouté à ce substrat réalisé chez soi. On peut aussi acheter du terreau dans le commerce. Pour que les racines restent bien agglomérées, le pot doit être au préalable abondamment arrosé. Ainsi, il arrive mouillé dans son nouveau récipient qui doit avoir environ 5 cm de plus de diamètre que l'ancien.
Déposez des tessons de pots sur le trou d'évacuation d'eau, pour éviter la stagnation d'eau et pour empêcher les racines de pourrir.

Arrosage

La sécheresse est le grand ennemi des plantes en pots, car la petitesse des récipients accélère l'évaporation. Le soleil et le vent font le restant, de sorte que l'arrosoir doit toujours être prêt à remplir sa fonction, parfois deux fois par jour en période de chaleur. Même par ciel couvert et par temps de pluie, il faut absolument arroser, car le feuillage fait écran à la pluie. Arrosez toujours par le haut et

Oranger et oranger nain.

ne laissez pas de l'eau stagner pendant des heures dans le récipient.

Engrais

Toutes les plantes en pots, surtout celles qui poussent rapidement et qui produisent beaucoup de feuilles et de fleurs, doivent recevoir

155

un apport d'engrais régulièrement. L'engrais doit être donné de préférence sous forme liquide et il faut presque doubler la quantité donnée aux géraniums et aux fuchsias.

La taille

La plupart des plantes en pot, ont besoin d'une taille régulière. Avant d'être rangées à l'endroit où elles vont passer

Les fuchsias sont des classiques incontournables des hautes tiges.

l'hiver, certaines ont besoin d'être fortement rabattues: les marguerites sur tige, le plumbago, les héliotropes, les trompettes du jugement et les lantaniers. D'autres espèces peuvent aussi être rabattues pour qu'elles passent plus facilement l'hiver. Les plantes plus vieilles sont ravivées par une coupe nette lors de leur période de croissance.

L'hivernage

Voir le chapitre - L'hivernage

Plantes de balcon particulières : les hautes tiges

Les hautes tiges, avec leur couronne de fleurs et leur boule de feuillage vert, sont en quelque sorte le "nec plus ultra" des plantes de balcon et des plantes en pots. Ce sont surtout les fuchsias qui ont contribué à donner leurs lettres de noblesse aux hautes tiges. La couronne de fleurs très dense de ce classique nous charme pendant des mois. Les marguerites à haute tige, presque identiques aux fuchsias, pour ce qui est de la robustesse et de la floraison, ressemblent à des buissons de fleurs. Il en existe des variétés à petites fleurs blanches et de légèrement plus grandes à fleurs jaunes. Les lantaniers existent en hautes tiges tout comme les géraniums, les hibiscus, les lauriers-cerises, les grenadiers, dentelaires, *Pittosporum* et myrtes.
Des trompettes du jugement, des mauves du Cap rosées *(Anisodontea capensis)*, des solanacées bleutées *(Solanum)*, le buis toujours vert et le laurier dont les feuilles peuvent être employées en cuisine, font aussi partie du cercle des hautes tiges. On trouve également des arbrisseaux à haute tige: hortensia et troène qui peuvent être taillés de toutes les formes. Ce type de troène ne résiste pas à l'hiver, contrairement à notre troène des haies qui est, lui, très résistant.

**Au milieu, en pleine floraison :
une lavatère du cap (Anisodontea
capensis).**

Comment faire d'un fuchsia une haute tige

On laisse à une jeune plante la tige centrale, les tiges latérales et les boutons de fleurs étant éliminés. De cette manière, la force de la plante passe complètement dans cette tige centrale qui de ce fait pousse très rapidement. Pour la soutenir et aussi pour obtenir une croissance rectiligne, on lui joint un tuteur. Lorsque cette pousse a atteint la hauteur désirée, pour une demi-tige environ 80 cm et pour une haute tige environ 120 cm, on coupe la tête.

Des pousses latérales apparaissent alors après un certain temps, qui doivent à nouveau être soutenues; on continue le traitement de cette manière pour atteindre finalement une couronne d'environ 40 cm de diamètre. Avec les années, la tige devient de plus en plus épaisse pour former une sorte de tronc. A la fin de l'automne, les petits arbres sont rentrés, avant les gelées, et les pousses de l'année doivent être raccourcies à 5 cm. Plus il vieillit, plus il devient beau, et d'année en année, la masse de fleurs augmente. De la même manière que les fuchsias, on peut tailler d'autres sortes d'arbustes comme les plumbago, les cestreaux (*Cestrum*), *Pittosporum* et les bougainvillées. L'important est de toujours éliminer les pousses et les jets qui partent du tronc ou du sol.

Plantes en pots devenant facilement des hautes tiges

Mauve, *Abutilon*
Mauve du cap, *Anisodontea*
Bougainvillée, *Bougainvillea*
Buis, *Buxus sempervirens*
Cassier, *Cassia didymobotrya*
Cestreau, *Cestrum*
Marguerite en tige, oranger, citronnier, *Citrus*
Trompette du jugement, *Datura*
Aster du Cap, *Felicia*
Fuchsia, *Fuchsia*
Hibiscus, *Hibiscus*
Hortensia, *Hydrangea*
Lantanier, *Lantana*
Laurier, *Laurus*
Troène, *Ligustrum*
Myrte, *Myrtus*
Laurier-rose, *Nerium oleander*
Olivier, *Olea*
Géranium, *Pelargonium*
Pittosporum
Plumbago, *Plumbago auriculata*
Grenadier, *Punica granatum*
Romarin, *Rosmarinus*
Solanacée, *Solanum*

Tableau des plus belles plantes en pots

Nom	Croissance	Fleurs
Mauve, *Abutilon pictum* et hybrides	arbustif, feuilles vertes ou tachetées de doré	clochette, rouge doré de l'été jusqu'en automne, souvent encore plus longtemps
Agapanthe, *Agapanthus praecox,* et variétés	buissonnant avec des feuilles toujours vertes pouvant atteindre des mètres de longueur	fleurs bleues (ou blanches) du printemps jusqu'en automne
Agave, diverses sortes et variétés	feuilles de colorations différentes, toujours vert	seules les vieilles plantes fleurissent chez nous
Hibiscus du Cap, *Anisodontea capensis*	arbustif, jusqu'à 1 m de haut, particulièrement beau en haute-tige	fleurs petites, allant de vieux-rose à rose foncé
Aucuba du Japon *Aucuba japonica*	arbustif, à feuilles ayant l'aspect de cuir et pointillées de jaune	fleurs petites et insignifiantes au printemps
Bougainvillée, *Bougainvillea glabra, B. spectabilis*	sorte de liane, existe aussi en basse tige, également une sorte avec des feuilles	fleurs blanches - blanches, roses, orange, jaunes, rouges, pourpres-violettes (surtout)
Callistémon, *Callistemon citrinus* et autres variétés	arbustif, feuilles ressemblant à celles de la myrte, aussi en haute-tige	épis d'un rouge éclatant d'avril à juin, apparaissant déjà sur de jeunes plantes
Casse, *Cassia corymbosa* et *C. didymobotrya*	arbustif, très florifère, aux feuilles ressemblant à celles de l'acacia, existe aussi en haute tige	grandes grappes de fleurs du printemps à l'automne
Oranger, citronnier, oranger nain, toutes sortes de citrus	arbustif, bonne croissance, toujours vert	fleurs blanches très odorantes, plusieurs variétés donnent des fruits
Trompette du jugement, *Datura* (actuellement *Brugmansia*) en plusieurs variétés et sortes	croissance haute et buissonnante, aussi comme haute tige	fleurs blanches, jaunes, rouges, simples ou doubles, presque toujours très odorantes
Bananier décoratif, *Ensete ventricosum*	buissonnant, feuille atteignant 3 m de long	—

Soins	Multiplication	Hivernage/Taille
endroit ensoleillé, arrosage abondant, la taille améliore la croissance	boutures	clair, environ 10° C, maintenir les racines très légèrement humides, recouper à moitié
a besoin du plein soleil, arrosage abondant et apport d'engrais tous les 15 jours, jusqu'en août	par division au printemps	pas de clarté nécessaire, 5-10° C - pas de coupe
a absolument besoin d'un emplacement ensoleillé, arroser modérément en été	par stolon, jet ou semis	clair, aéré, à 3-5° C, arroser peu, supporte la sécheresse
clair et ensoleillé, à partir de mai à l'extérieur, arroser abondamment et donner beaucoup d'engrais, diminuer en hiver	par boutures au printemps, ou à la fin de l'été	frais, température de 10-15° C , rabattre au printemps
emplacement à la mi-ombre, jamais en plein soleil, arrosage normal, apport d'engrais toutes les 4 semaines de mai à août	boutures à une température de 22° C, aussi de 12-15° C, dure cependant plus longtemps	frais, clair et aéré, à 5-10° C, de préférence ne pas couper, soutenir uniquement les jeunes plantes
ensoleillée, arroser abondamment, engrais de fin mai à août, tous les 15 jours.	boutures par taille, placer le récipient servant à la multiplication sur une source de chaleur	clair, aéré (si possible ensoleillé), à 5-10° C, maîtriser la croissance par taille
ensoleillé, aéré, maintenir une bonne humidité, engrais tous les 15 jours (jusqu'en août) terre sans chaux	boutures, à une température du sol de 15-20° C	clair, aéré, frais de 5-10° C - coupe uniquement pour de jeunes plantes
ensoleillé, apport d'engrais hebdomadaire d'avril à fin août, arrosage abondant	par semis ou boutures (ne pas tenir trop humide)	clair, frais, de 5-10° C, taille nécessaire seulement chez les plantes jeunes
ensoleillé, arrosage régulier, engrais hebdomadaire, peu de rempotage dans une terre sans calcaire	semis, pour la fructification il faut employer des semis provenant de citronnier sauvage	clair, frais de 5-10° C, ne pas faire hiverner dans des endroits sombres ni chauds, tailler si nécessaire, supporte bien l'hivernage
ensoleillé, aussi mi-ombre, arrosage abondant, engrais toutes les semaines (d'avril à fin août)	boutures	clair, frais, de 5-10° C - recouper fortement avant de ranger, possibilité de tailler à tout moment
ensoleillé, arrosage abondant	semis, atteignent 1 m dès la première année	clair, température de 8-12° C et plus, pas de taille nécessaire

Nom	Croissance	Fleurs
Figue comestible, *Ficus carica*	droit, arbustif	petites fleurs insignifiantes
Hibiscus, *Hibiscus rosa-sinensis*	arbustif, très décoratif, existe aussi en haute tige	fleurs simples et doubles en plusieurs tons, aussi bicolores
Lantanier, *Lantana-camara* hybrides	croissance droite, aussi variétés retombantes pour suspension, existe aussi en haute tige	fleurs en de nombreux tons pastel très lumineux
Laurier, *Laurus nobilis*	croissance droite, aussi en haute tige, boule et pyramide, une variété avec l'extrémité de la feuille blanche, toujours vert	fleurs jaunes, insignifiantes
Laurier-rose, *Nerium oleander*	arbustif, aussi comme haute tige, toujours vert	fleurs simples ou doubles, grande palette de coloris, allant de blanc à jaune, saumon, rose et rouge
Olivier, *Olea europaea*	arbre de petite taille, toujours vert	fleurit régulièrement et donne alors des fruits (olives)
Palmier dattier, *Phoenix canariensis*	formation de longues frondes, toujours vert	fleurs uniquement sur de vieilles plantes
Pittosporum, *Pittosporum*	arbustif, toujours vert	très odorantes, fleurs blanches se colorant de jaune
Plumbago, *Plumbago auriculata*	rampant, la taille peut le rendre buissonnant ou le lier pour lui donner une croissance en hauteur	fleurs blanches ou bleues
Grenadier, *Punica granatum*	arbustif, vert en hiver, il existe aussi une forme naine	généralement rouges, mais parfois orange, jaunes et blanches, variétés doubles
Solanée, *Solanum rantonettii* (la plus belle), *S. jasminoides*, *S. wendlandii*, *S. laciniatum*	arbustif, *S. rantonettii* comme plante grimpante	fleurs bleu-ciel à bleu foncé, aussi violette, de juin à octobre (parfois plus longtemps)
Fleur de princesse *Tibouchina*	croissance arbustive, toujours vert, feuille oblongue, veloutée au-dessus	fleurs bleu-violet
Palmier, chamaerops élevé, *Trachycarpus fortunei*	tronc superbe avec belle couronne de frondes	seules les vieilles plantes fleurissent
Yucca, *Yucca*; comme plante en pot: *Y. aloifolia* et *Y. gloriosa*	forme un beau tronc (*Y. aloifolia*) buissonnant, (*Y. glorioso*)	fleurs blanches, roses, très aériennes

Soins	Multiplication	Hivernage/Taille
plein soleil, arrosage abondant (tous les 15 jours) d'avril à fin août	boutures (15-20 cm de long), marcottage	clair, frais, aéré, température entre 8-12° C, rabattre les anciennes plantes si nécessaire
ensoleillé, à l'abri du vent et de la pluie, arrosage régulier, apport d'engrais d'avril à août, tous les 15 jours	boutures et semis	clair, chaud, température pas inférieure à 15° C (pièce, jardin d'hiver) arrosage réduit, rabattre les tiges d'un tiers
ensoleillé, arrosage et apport d'engrais régulier (de préférence hebdomadaire)	boutures, dès août-septembre: couper la tête pendant la croissance	clair, température entre 5-10° C; taille sévère (jusqu'aux ⅔)
ensoleillé, arrosage abondant, apport d'engrais hebdomadaire d'avril à août	boutures, bac de culture à déposer sur chauffage	clair, frais, de 5-10° C - pas trop foncé - tailler ou rabattre en mars-avril
ensoleillé, arrosage et apport d'engrais hebdomadaire d'avril à août	boutures (mettre les extrémités des pousses dans une bouteille d'eau)	clair, frais, de 5-8° C, ne pas retirer les boutons non ouverts, car ils fleuriront l'année suivante, rabattre les vieilles plantes
ensoleillé, arrosage régulier, apport d'engrais une fois par mois d'avril à août	boutures, aussi par semis (dure plus longtemps)	clair, frais de 5-8° C, la chute de feuilles est sans conséquence, tailler si nécessaire
ensoleillé, arrosage et apport d'engrais modérés, rempoter rarement	semis	clair, frais, de 5-10° C (pas plus chaud)
ensoleillé, arrosage régulier et engrais tous les 15 jours d'avril à août	semis (bouture)	clair, frais de 5-10° C - possible de rabattre mais pas nécessaire
ensoleillé, arrosage régulier et d'avril à août apport d'engrais tous les 15 jours	boutures	clair, frais, de 5-10° C, couper les jets de moitié avant de le ranger
ensoleillé, pas trop d'eau, apport d'engrais d'avril à juillet, toutes les 4 semaines	boutures, aussi par semis	frais, clair, de 3-5° C (pas plus chaud), rabattre les jets d'un tiers
eau en abondance et engrais tous les 15 jours de mai à octobre	boutures	rabattre fortement, placer au frais dans l'obscurité
clair, arrosage abondant, apport d'engrais, tenir plus sec après la floraison	par boutures, sur un sol chaud (placer sur une source de chaleur)	frais, de 10-12° C, rabattre, tenir sec, même lors de l'apparition de nouvelles pousses
ensoleillé, arrosage régulier de mai à juin, engrais tous les 15 jours	semis	frais, de 5-8° C peut aussi bien passer l'hiver dans le salon que dans une cave, à l'abri du gel
très ensoleillé, arrosage abondant et apport d'engrais	par division des branches latérales ou par semis	passe l'hiver sans problème dans une pièce froide ou chaude (salon)

Le jardin utilitaire
sur le balcon

Légumes

L'élément essentiel nécessaire à une bonne croissance est la taille du récipient disponible qui doit être suffisamment grand, car pratiquement tous les légumes ont besoin d'un mélange de terreau très riche et d'humus, sur une profondeur de 20-30 cm pour pouvoir atteindre la maturité. Pour avoir une idée: une tomate a besoin d'un récipient pouvant contenir entre 8 et 10 l de terreau. Les récipients à réserve d'eau ou à arrosage automatique sont particulièrement bien adaptés à la culture des légumes. L'engrais doit provenir de préférence de matières organiques (guano, engrais biologique, engrais pour plantes) qui sont aussi employés pour les fleurs. Le légume de balcon n° 1, c'est la tomate, dont il existe d'ailleurs des variétés spéciales pour culture sur balcon. Il s'agit généralement de tomates de petite taille, ressemblant aux tomates-cerises comme "Tiny Tim", "Sweet Cherry F1 hybride", "Benarys, ami des balcons". D'autres produisent des fruits jaunes ou des fruits en forme de prune comme les tomates buisson "Patio F1 Hybride" qui conviennent très bien à la culture en pot. La

"Phyra" est une variété spécialement adaptée aux paniers suspendus et qui produit de cette manière énormément de petits fruits qui se colorent très rapidement. Comme pour les tomates de jardin, il faut enlever régulièrement les jets secondaires. La transplantation se fait à partir de mai. Sur les balcons qui jouissent d'une orientation sud, on réussit aussi à faire pousser, en plus des tomates, des poivrons et des aubergines, qui demandent

tous les deux beaucoup de soleil. Et si l'on a de la place, essayer des "Gueule d'Hercule volant" et des "soucoupes volantes", ces variétés de potirons qui doivent être attachées à des grillages, alors que les courgettes vertes ou jaunes restent bien à plat sur le sol. Sur un balcon qui ne reçoit le soleil que quelques heures par jour, on peut faire pousser des haricots de toutes sortes, des concombres, des cornichons, des radis, des petits pois et des salades à couper, mais aussi des tomates, des poivrons et des piments. Semer en avril-mai. Celui qui désire récolter de la salade doit se contenter de salade à couper. Elle ne

pomme pas comme la laitue mais donne en contrepartie, de mai à octobre, beaucoup de feuilles délicieuses qu'il faut toujours cueillir à partir du bas. De nouvelles feuilles apparaissent continuellement. Les semis

Fraises, tomates et herbes aromatiques poussent sur cette terrasse.
A droite: plant de concombre "serpent" dans une jarre.

se font de mars à août, en ligne; dès la montée, éclaircir à 15-20 cm: "Grand Rapids Salli" et la variété à feuilles rouges "Lollo Rossa".

Ce qui procure beaucoup de plaisir, c'est la culture des concombres "serpent". Pour cela il suffit d'un balcon moyennement ensoleillé, à l'abri du vent. Il est nécessaire de poser des grillages et de disposer de récipients d'au moins 20 cm de profondeur et très larges. Il est conseillé de démarrer la culture de ces concombres dans une pièce de la maison, sur l'appui de fenêtre, avec une chaleur dépassant les 20 ° C. On sème en avril en petits pots et on transplante dès la mi-mai.

Choisir une variété qui n'est pas amère, résistante au mildiou et auto-fertile. Les variétés auto-fertiles produisent des fruits sans qu'il soit nécessaire qu'elles soient fertilisées par les insectes. Les meilleures variétés sont "Bella" (fruits longs) et "Paska"(fruits courts). Il est bon de mettre toutes les caisses après les semis dans un endroit ombragé et de les recouvrir d'une feuille en matière synthétique.

De cette manière, les caisses conservent leur chaleur, ce qui accélère la germination et empêche le desséchement. Plus tard, après la germination, on place les récipients à l'endroit définitif.

Mélange coloré: plantes aroma-tiques et fleurs.

Plantes aromatiques

Il faudrait au moins réserver une jardinière ou une vasque pour la culture des plantes aromatiques. Les plantes aromatiques conviennent très bien à un balcon, car on peut les récolter toute l'année, et de plus elles demandent très peu de travail et d'entretien, et souvent elles poussent encore mieux que dans le jardin. Les jardinières et les vasques ne doivent pas être aussi grandes ni aussi longues que celles destinées aux légumes. De plus, ces plantes demandent beaucoup moins d'eau et pratiquement pas d'engrais, car les éléments qu'elles trouvent dans du terreau pré-traité leur suffisent amplement. Seules les plantes vivaces doivent recevoir de l'engrais au printemps.

Il est bon de savoir qu'il existe des plantes aromatiques annuelles qui sont semées chaque année en avril-mai et d'autres vivaces, dont les feuilles meurent à l'automne et qui repoussent au printemps. Seule la lavande reste verte en hiver. Pour les plantes annuelles, il suffit de disposer de jardinières de 30-50 cm de long, et d'un paquet de semences, peut-être un peu pour l'aneth car on utilise énormément cette plante, et il faut la semer en continu toutes les 3-4 semaines. Parmi les plantes annuelles les plus courantes, il faut citer la bourrache (ne garder qu'une seule plante, arracher toutes les autres), viennent ensuite le basilic, la sarriette, le céleri, le cerfeuil, la marjolaine annuelle qu'il vaut mieux cultiver en petits pots. Il est recommandé de tout semer soi-même et de ne pas acheter les plantes sur les marchés ou dans les magasins où elles sont présentées en petits pots à transplanter soi-même, car cela réussit rarement. Pour les plantes qui vivent plusieurs années, le persil vient bien sûr en premier lieu. Un bac de 30 cm de long devrait toujours être rempli de cette plante. Ici aussi des semis successifs toutes les trois semaines sont nécessaires.

A côté du persil frisé le plus connu, on peut aussi employer le persil plat. Deux plants de ciboulette suffisent. On peut aussi essayer de leur faire passer l'hiver en les mettant dans un récipient assez grand, placé à la fenêtre de la cuisine. Dans ce cas au moins trois plantes sont nécessaires.

Un plant d'estragon suffit, comme une seule livèche car elle monte et s'étend trop dans une jardinière et doit, à cause de cela, être placée dans un récipient spécial. On donnera la préférence à la marjolaine vivace qui reste petite et mignonne, à la citronnelle qui prolifère rapidement. Pour décorer, on choisira la lavande, une plante à croissance lente, aux fleurs bleutées très parfumées. Sur le balcon, on peut aussi faire pousser du romarin, les irremplaçables thym et origan, pour les adeptes de la cuisine italienne. La sauge aussi aime le balcon, ainsi que la pimprenelle qui agrémente les salades. Il est préférable de faire hiverner le romarin à l'intérieur de la maison, car il est trop fragile pour certaines régions. Les plantes aromatiques ont besoin de soleil, sur des balcons orientés au sud, à l'est ou à l'ouest. Mais le cresson pousse aussi sur les balcons orientés au nord, tout comme la citronnelle, le cerfeuil ou la bourrache, ainsi que le cresson de fontaine, grand réservoir de vitamine C.

Fruits

Les fraisiers sont parfaits pour les balcons disposant d'un minimum de place, car on peut les suspendre ou les placer sur des tuteurs en forme de pyramide. Il s'agit bien sûr de variétés spéciales qui se trouvent dans les magasins spécialisés ou dans les catalogues de vente par correspondance. Les

A partir de la gauche: marjolaine, citronnelle, estragon, céleri et persil.

petites fraises sont à recommander, car elles ont gardé le goût des fraises des bois. Il faut les planter dans un mélange de terreau prêt à l'emploi (deux tiers) et d' humus d'écorce (un tiers), arroser abondamment et les soigner d'avril à août en leur apportant tous les 15 jours de l'engrais organique. Les plants de fraisiers, qui ne doivent pas être placés en plein soleil, passent l'hiver dehors. Pour les groseilles rouges et blanches, de haute tige, la meilleure récolte s'obtient la deuxième année. Elles aussi sont très adaptées à la culture sur balcon, car elles croissent en hauteur, formant de jolies couronnes rondes que l'on peut tailler à loisir sans nuire à la plante. La récolte la plus abondante provient évidemment des mini-arbres fruitiers. Ce sont des variétés spéciales de pommes, poires, cerises, pêches et nectarines, prunes, quetsches et mirabelles, que l'on ne trouve pas dans n'importe quelle jardinerie ou pépinière, mais le plus souvent dans les catalogues de vente par correspondance. Ils sont faciles à entretenir. La taille, qui pose des problèmes à bien des jardiniers amateurs, est facile et réduite, voire inexis-

tante: seuls les jets isolés et trop longs sont recoupés à trois yeux. La récolte commence la deuxième année après la plantation. Pour assurer la fertilisation des plants, il est recommandé de placer au moins deux variétés, à moins qu'il ne s'agisse d'une variété auto-fertile. Ces mini-arbres doivent être placés à un endroit ensoleillé et bien abrité. Si les racines poussent hors des pots, il faut rempoter. Les pots sont rassemblés à un endroit pour l'hiver, ou restent dehors bien emmitouflés. Pour cela il faut les mettre dans une caisse, en remplissant les espaces libres avec

de la laine de verre, ou du papier journal déchiré et les recouvrir d'une feuille protectrice.
Sur un balcon moyennement ensoleillé, (quelques heures de soleil par jour) l'on peut espérer récolter des figues bien sucrées. Ce qu'il leur faut, c'est un endroit chaud et abrité, beaucoup de soleil en été et de l'engrais tous les 8 jours d'avril à septembre.
Les figuiers passent l'hiver comme les lauriers-roses et les autres plantes en pots. Une bonne coupe en automne est bénéfique à la production de fruits.

Pommiers en pots.

Les illustrations de cette partie sont de:
Apel 111 d
Benary 97 b, 99, 100 g, 101 g, 101 d, 102 g, 110 g, 110/111, 113 g, 115 d
Bloemenbollencentrum 90, 91
Burda 94/95, 107 b, 116/117, 122
Caspersen 119
Celaflor 149
CMA 98 g, 103 b, 131
Eigstier 96, 106 g
Felbinger 110, 114 d
Firma Haug,
Ammerbuch 138, 139
Jacobi 45, 104 g
Layer 154
Niehoff 112 b, 140
Redeleit 97 b, 106 d, 109 g, 114, 136, 145, 146/147
Reinhard 85/86, 88, 93, 98 d, 100 d, 102 d, 103 b, 108 g, 123 d, 124, 125, 126, 129, 130, 132/133, 137, 150, 156 g, 162/163, 163
Ruckszio 92, 107 b, 108 d, 112 b, 113 d, 114/115, 115 g, 120/121, 127 g, 135, 142/143, 154, 165
Sammer 89 m, 109 d, 134, 136/137, 144, 147, 150 g, 151 d
Seidl 45, 105/106, 116
Skogstad 166
Stein 89 hd, 89 hg, 123 g, 127 d, 128, 151 g, 152/153, 153 d, 166
Strobel, Pinneberg 121

Titres originaux: *Balkon und Terrasse* (Karlheing Jacobi), *Kübelpflanzen* (Ilse Höger-Orthner)
© MCMXCV BLV Verslagzgesellschaft mbH, München
Alle rechte vorbehalten

© Zuidnederlandse Uitgeverij N.V., Aartselaar, Belgique, MCMXCVII.
Tous droits réservés.

D-MCMXCVII-0001-408
Imprimé en Belgique.